C000090314

1,000,000 Books

are available to read at

www.ForgottenBooks.com

Read online
Download PDF
Purchase in print

ISBN 978-0-365-13556-2
PIBN 11268183

This book is a reproduction of an important historical work. Forgotten Books uses
state-of-the-art technology to digitally reconstruct the work, preserving the original format
whilst repairing imperfections present in the aged copy. In rare cases, an imperfection in
the original, such as a blemish or missing page, may be replicated in our edition. We do,
however, repair the vast majority of imperfections successfully; any imperfections that
remain are intentionally left to preserve the state of such historical works.

Forgotten Books is a registered trademark of FB &c Ltd.
Copyright © 2018 FB &c Ltd.
FB &c Ltd, Dalton House, 60 Windsor Avenue, London, SW19 2RR.
Company number 08720141. Registered in England and Wales.

For support please visit www.forgottenbooks.com

1 MONTH OF
FREE
READING

at

www.ForgottenBooks.com

By purchasing this book you are eligible for one month membership to ForgottenBooks.com, giving you unlimited access to our entire collection of over 1,000,000 titles via our web site and mobile apps.

To claim your free month visit:

www.forgottenbooks.com/free1268183

* Offer is valid for 45 days from date of purchase. Terms and conditions apply.

English
Français
Deutsche
Italiano
Español
Português

www.forgottenbooks.com

Mythology Photography **Fiction**
Fishing Christianity **Art** Cooking
Essays Buddhism Freemasonry
Medicine **Biology** Music **Ancient**
Egypt Evolution Carpentry Physics
Dance Geology **Mathematics** Fitness
Shakespeare **Folklore** Yoga Marketing
Confidence Immortality Biographies
Poetry **Psychology** Witchcraft
Electronics Chemistry History **Law**
Accounting **Philosophy** Anthropology
Alchemy Drama Quantum Mechanics
Atheism Sexual Health **Ancient History**
Entrepreneurship Languages Sport
Paleontology Needlework Islam
Metaphysics Investment Archaeology
Parenting Statistics Criminology
Motivational

o d e r

das Reich der Bilder.

Aus dem Klarfeldischen Archive

herausgegeben

von dem Verfasser des goldnen Kalbes.

Regensburg, 1806.

In der Montag-Weißischen Buchhandlung.

M****** M*****

Größres mag sich anderswo begehen,
Als bei uns, in unserm kleinen Leben,
Neues — hat die Sonne nie gesehn.
Sehn wir doch das Große aller Zeiten
Auf den Brettern, die die Welt bedeuten,
Sinnvoll, still an uns vorübergehn.

   Alles wiederhohlt sich nur im Leben,
Ewig jung ist nur die Fantasie;
Was sich nie und nirgends hat begeben,
Das allein veraltet nie!
   Was der Gott mich gelehrt, was mir
             durch's Leben geholfen,
  Häng' ich, dankbar und fromm, hier in
             dem Heiligthum auf*).

---

*) Schiller.

Erstes Buch.

Proteus und seine Familie.

Zu jener Zeit, als der alte Ozeanus noch nicht von Neptun an die äusserste Grenzen der Wässer verdrängt war, trug er seinen Kindern, den Ozeaniden, auf, die schöne Erde freundlich zu pflegen; und Flüsse und Quellen bewässerten sorgfältig den reichhaltigen Boden, auf welchem Menschen lebten, und sich freuten. Orakel ertönten an den Quellen und in den Grotten am Gestade der Flüsse, und einfach, wie die Natur selbst, waren ihre Erzeugte.

Ozeanus mußte den Söhnen Saturns weichen, aber auch das goldne saturnische Alter entwich, Pandorens Misgeschenke erfüllten den Erdball, und — plözlich schritt eine, bis dahin nie gesehene Gestalt in die himmlische Hallen.

Wer

Wer bist du, Unbekannte? fragte Zevs
Die Wahrheit.

Entflohst du der Erde? Dort sehe man
dich, hier ist für dich nichts zu fürchten,
von dir nichts zu wahren.

Auch auf Erden kannten sie mich vor
Pandorens Verwüstung dem Namen nach
nicht; aber sie liebten mein Wesen; Orakel
sprachen zu ihnen, wo etwa der angebohrne
Sinn schwieg: jezt — erkennen und hassen sie
mich; das neue Uebel hat mir die Unsicht-
barkeit geraubt, aber auch meine Wirksam-
keit. Vater der Götter und Menschen, ich
bin Göttinn, und diese werden elend! er-
barme dich ihrer und meiner!

Zevs hob in feierlichem Schweigen
Haupt und Hand: er winkte, und Proteus,
Ozeans Sohn, stand vor ihm.

Tausendgestaltiger, sprach der Herr des
Olimps, sei der Freund, der Begleiter, der
Vertreter dieser Göttinn auf Erden. Ver-
hülle sie, wo sie es bedarf; leih' jede Form
ihrer Kraft, und verschönere das Halbdunkel
ihrer Umgebungen, damit sie nicht in Nacht

zu

zu lüften, die räthselhafte Erscheinungen zu lösen; doch erfülle den Wunsch der Gereizten nicht zu leicht, nur den Anhaltenden, nur den Starken laß' — die reine Wahrheit gewinnen. Was dem gewöhnlichen Menschen sehr lieb sein soll, muß ihm viel kosten, und auch der Bessere erringt gerne den Werth.

Proteus beugte sich, und schwebte mit der schönen Schuzbefohlenen zur Erde. Treu und weise, unerschöpflich in seinen Umstaltungen, und hartnäkkig im Widerstande, doch gerne lehrend und gerne dem ächten Freunde sich ergebend, führte er ihre Sache glüklich und — belohnt.

Liebe beschlich sein Herz, Dankbarkeit erfüllte auch mit Liebe das ihrige: was man von Pomona und Vertumnus erzählt, war die Geschichte der holden Wahrheit und des liebend schlauen Proteus. Eine zahlreiche Familie gruppirte sich um die freundliche Eltern: ihre Lieblingskinder wurden Fabel, Allegorie, Parabel und Apolog.

———

2.

Lebensweisheit.

———

Ich werde dir recht dankbar sein, mein guter Freund, wenn du — —

Wenn ich dir zeige, wie ich den Menschen nachahme?

Nein doch, mein bestes Aeffchen, wenn du mir Aufschluß geben wolltest —

Ueber die Kunst, Purzelbäume zu schlagen, mein bestes Truthänchen?

Lasse dich doch berichten, mein Allerliebster! ich wünschte so sehr, zu erfahren, wie man es anstellen muß, um Aufsehen zu erregen.

So, so!

Da du nun viel mit dem Herrn der Schöpfung lebst — — —

Meinst du den Menschen oder den Mann?

Ich versteh' das nicht — so hoff' ich mich an die rechte Quelle gewendet zu haben

Der Affe lachte listig in seinen Bart, besah sich den Truthan, schien zu überlegen, und

und sprach zulezt nachdenklich: Du gehst auf
zwei Füsen, wie der Mensch — ÷ —

— O! — dehnte der Geschmeichelte die
Frase des Verbittens.

Du bist grau, wie der Silberfasan — —
Zu gütig, lieber —

Schlägst ein Rad, wie der Pfau —
Lieber Herr, du übertreibst — — —

Schreitest ernst einher, wie der Straus —
Ich werde schamroth, theuerster Affe — —

Schwingst die Flügel, gleich dem Adler —
— Gerechter Himmel! ich erliege deinem
Lobe. —

Singst, wie — — die Nachtigall — —
Behüte! — der Truthahn strich sich behaglich den violetten Kragen mit dem Schnabel.

Du bist ein artiges, behendes Wesen —
der Affe drehte ihn um und um —

Und die Antwort auf meine Frage?
werthester Affe —

Glaube du nur getrost das alles, was
ich dir gesagt habe — versezte schmunzelnd
der Affe, und ich bürge dir dafür, du wirst
mehr Aufsehen erregen, als du jezt denkst.

3. Die

3.

Die Entsagung.

———

Der alternde Löwe, müde der Sorgen
und Anstrengung, beschloß, die Regierung
niederzulegen, und berief das Thierreich zu=
sammen. Aus einer dunkeln Höhle sprach
er unsichtbar zu dem horchenden Volke, und
alle, die ihn hörten, bewunderten Ernst und
Weisheit der Rede, aber auch die Verbor=
genheit des Redners. Mit dumpfen Mur=
meln lief es durch die wogende Menge:
Warum scheidet er von uns, ohne sich noch
einmal zu zeigen? Aber der König, des
Murmelns gewöhnt, achtete dessen nicht, und
vollendete ruhig.

Erst wie der junge Leue den Thron be=
stieg, trat der Vater aus der geheimnißvol=
len Kluft, und ein Schrei des Erstaunens
schallte ihm entgegen. Gefallen war die
stolze Mähne, die mächtigsten Zähne fehl=
ten dem Gewaltigen, und den Klauen die
Krallen.

Staunet

Staunet nicht! sprach er ruhig ernst zu der Versammlung, und bedeutend zu dem herbeieilenden Erben: Klage nicht! Der Gewalt entsagend, verzicht' ich auch auf ihren Schein und ihre — Mittel. Es kann eine Zeit kommen, wo diese Töne des Mitleids sich in Dankjubel verwandeln.

4.

Die Quelle der Mäsigung.

Behaglich summte die beladene Biene der Heimath zu: die süse Beute des Blumenreichs hieng an der reichlich Genährten; für die Gegenwart befriedigt, der gütlichen Zukunft gewis, filosofirte sie ruhig dahinschwebend, und erklärte, als wäre sie Panglossens Zögling, diese Welt für die beste.

Da sties ihr der Schmetterling auf, wie er in nimmer ruhiger Bewegung und endlosen Kreisen von Blume zu Blume flatterte, bald hier nippte, bald dort sich wiegte, und nie endigend, stets dasselbe Spiel wieder begann.

Un=

Ungenügsamer! rief sie ihm zu, indem sie einige Augenblike bedächtlich-weise ihren Flug anhielt.

Der Schmetterling blikte spöttisch auf die dikke Filosofin.

Wirst du kein Maas finden? murrte sie — rastlos geniesen, und vergessen, daß Genuß ohne Grenzen — Nichts ist?

Die Frau Stoikerin sind vermuthlich satt? lispelte der Schmetterling.

Ich habe bescheiden — gesammelt.

Und tragen nun den Rest säuberlich heim?

Wir lieben Ordnung und Vorsicht, wir Bienen.

Und ein gutes Dach?

Ja, dem Himmel sei Dank! das haben wir.

Auch für den Winter habt ihr gesorgt?

Wir, und unser Freund, der Mensch.

Nun, mir recht, fiel der Schmetterling ein; aber vergiß du auch nicht, daß ich weder Heimath, noch Freund, weder Vorrath, noch Lebensdauer ihn zu verzehren, besize: unstet und flüchtig bin ich auf Erden —

nie-

niemand theilt mit mir, aber es sorgt auch niemand für mich. Die Filosofie des Fetten und Glüklichen ist leicht.

Mürrisch hob die schwerfällige Anhängerin der Stoa den Flug nach der Heimath wieder an, und nannte den heimlosen Schmetterling einen frevelhaften Plauderer.

5.
Das Saitenspiel.

Ich bitte dich, sprach eine Saite zur Schwester, ich bitte dich, verbinde dich recht innig mit mir zum Widerstande. Du siehst, unsere Freiheit ist schon zur Hälfte dahin: los und ledig ruhten wir bisher, uns selbst überlassen; nun hat eine Hand uns dem harmlosen Aufenthalt' entrissen, und mit tirannischer Willkühr über dies hohle Lager von Holz gespannt, wo wir unbequem und gebunden des Joch der Dienstbarkeit tragen sollen. Aber noch kann es uns gelingen, Selbstständigkeit zu behaupten, und dem Spiele der Uebermacht

macht zu widerstreben: laß' uns nur einig
bleiben; die übrige Schwestern hier neben
uns sind schwach genug, sich dem Schiksal
zu ergeben; auf sie ist nicht zu rechnen.

Die Schwester versprach es, und hielt
Wort.

Als der Künstler mit schöpferischen Fin-

den sanft bebenden hervorrief, sträubten sich
die Verbundene hartnäkkig, und die Erwartung des neuen Orfeus wurde mit Mistö-
nen belohnt. Mild genug stimmte er, und
stimmte wieder; der Widerstand verlohr sich
nicht. Da griff er die Empörerinnen strenger
an, sie bogen, sie wandten sich, sie seufzten,
aber sie gaben nicht nach.

Gute Saiten, so flüsterte plözlich eine süse Stimme — es war des Künst-
lers Geliebte — warum so widerspänstig?
Ist holder Laut und bezaubernder Einklang
nicht euer Loos? O seid wirklich gut,
und begleitet meinen Gesang; er wird euch
danken.

Mit leichter weiser Hand rührte sie die
Saiten, und eine der Verbündeten gab nach,
die

die andere behielt unbeugsam den Urton, aber die Harmonie war da.

Treulose! rief sie der Schwester zu.

Unkluge! versezte diese, der rauhen Gewalt widerstand ich, und blieb frei; frei bin ich noch, aber ich wurde durch die Lehre der Sanftheit weise, und was ich sein sollte, bin ich nun erst geworden.

6.

Des Adlers Ruhe.

Ein Adler hatte das Misgeschik, von dem Pfeile des Jägers erreicht, aber nicht getödtet, nur gelähmt zu werden: tief trug ihn der verlezte Fittig, doch sein Muth verlies ihn nicht, wenn gleich die Kraft. Er senkte sich in ein kluftiges Thal zwischen Felsen, und fand, wie denn nie ein Unglük allein kömmt, dort keine andere Bewohner als Eulen, nach allen zahlreichen Arten und Abarten des krächzenden, lichtscheuen Geschlechtes.

Seine

Seine Ankunft erregte großen Aufruhr in dem dunkeln Thale. Habt ihr ihn schon gesehen? rief hier die Ohreule. Der stolze Sonnengukker ist da! krächzte dort ein Uhu. Wir wollen ihn nicht dulden! schrien alle Käuzchen im disharmonischen Kor.

Der Adler vernahm Geschwirr und Geschrei der Nachtvögel: ruhig schaute er mit dem Feuerauge um sich, stützte sich auf die mächtigen Fänge, und prüfte ahnungsvoll den wunden Flügel.

Fort mit dir, hochmüthiger Sonderling! rief die nahe Eulenversammlung — fort mit dir aus diesen Gefilden des Friedens, du Räuber! laß' uns, hebe dich nach deinem himmelnahen Horste! Pochtest du sonst auf ihn, so lerne auch nun begreifen, daß diese gemeine Erde nicht für dich ist, daß wir dich hassen, dir fluchen, dich verfolgen — hinweg! oder bereite dich auf's Fürchten!

Die Schaar wezte, mit gesträubten Federn, ihre Schnäbel.

Auf's Verachten! rief der Adler mit einer Stimme, vor der sie alle erbebten; soviel Kraft blieb mir noch, auf euch herabsehn zu kön=

können. Die Nemesis zwingt euch, niedrig
Gesindel, durch euern Haß zu urkunden, wie
wenig mir Geschlecht und Aufenthalt der
Eulen ziemen.

Erhaben, obgleich langsam, schwebte er
über die ohnmächtige Wuth der Krächzenden
zum Gipfel des höchsten Felsen, und lies
ihnen die Quaal kraftloser Drohung.

7.

Entfaltung.

In schonender Hülle lag der Keim der Vernunft verborgen. Olimpischer Thau senkte
sich balsamisch auf das reiche Geheimnis,
und der Strahl des Himmels sonnte es;
schweigend, in stillem Leben harrte die
Erde.

Eine hohe Gestalt trat heran; sie beugte
sich sanft, und winkte — vier und zwanzig
kleine Genien erschienen auf den Wink, tanzten in mannichfacher Verschlingung um die
Hülle, und schlüpften zulezt behende hinein.

Eine

Eine zweite hohe Gestalt nahte, in ihrer Hand wehte ein schneeweißes Blatt, und auf dem Blatte leuchteten die Bildnisse der vier und zwanzig Genien. Sie legte, mit stillem Seegen das Blatt auf die Hülle, in welcher bereits reges Leben begann. Unmerklich glitt es in den Schoos der Geheimnisvollen.

Und es erschien die dritte hohe Gestalt, von zehn Elementargeistern in arabischer Tracht begleitet: sie streckte den Zauberstab aus, neue mannichfaltige Gruppirungen mischten sich in buntem Spiele, und zulezt verschwanden Arabiens Salamandér unter der Hülle.

Die drei Feen grüßten sich freundlich, und verschlangen die Schwesterhände; die Hülle verschwand, sanft glänzend schmiegte sich die neugebohrne Vernunft an die hehre Drei, die Genien tanzten den Reihen der Freude, und der Erde stilles Leben wurde zum lauten.

———————————————

8.

Die Auskunft.

Wie möcht' ich doch so krächzen, Herr Vetter! sprach die Dohle zu dem Raben.

Ich weis nicht, wie das kömmt, Frau Base, erwiederte dieser; es mus wol schon so in der Familie liegen.

9.

Das Wunderkind.

Der Gott des Helikons lag einst gefährlich krank. Große Tropfen schwizzend, liefen die Hofärzte seiner Strahlen-Majestät hin und her, tappten bald an den Puls des Pazienten, bald an ihre eigne Stirne, und fanden zwar das Fieber, aber keinen Rath; die Dichterlinge sangen sich heiser, und ihren Beschüzzer nur um so kränker; alles rannte und lermte durcheinander, der gute Föbus-Apoll sah seinem Leiden kein Ende.

Zuletzt bemühte sich Herr Aeskulap, als Dechant der olimpischen Fakultät, ernsthaft und langsam zu dem Krankenbette.

Liebes Papachen, fragt er bedächtlich, wo sizt denn eigentlich der Schmerz? Aber der Pazient liegt taub und tolles Zeug fabelnd. Der gute Dekanus beobachtet sich müde und matt, und ruft zulezt, kreideweis, aus: der Musengott wird närrisch, wenn wir nicht straks den Lebenstumult besänftigen! besänftigen — ja — und zugleich — die Lebenskraft stärken!

Er rennt nach der Himmelsapotheke, klirrt und handirt in den Flaschen, mischt und mengt. Da zergeht ein altes Buch in Folio an gelinder Glut in einem Maas Weingeist; eine Unze Epigrammen wird in zwei Unzen attischen Salzes aufgelößt, dann eine ganze Flasche hellen Wassers zugegossen.

Stolz kehrt er mit dem Elixir zurück; schon perlt es im goldnen Pokal, die Götter, Vettern und Nichten, lauschen in banger Erwartung.

Ha! wol mir! ruft der Kranke, wol mir! Dies wolthätige Gift — der willkommene

mene Tod! — ja! ich sterbe! Er stürzt den
Trank mit einem Zuge hinunter.

Im Nu ist die Raserei besänftigt; die
Augen hellen sich auf, ruhiger strömt der
Ichor in den Adern, sanfter Schlummer läßt
sich auf den Leidenden nieder. Aber nur zu
bald wird er von neuen Schmerzen geweckt.
Aeskulap legt den schweren Kopf in die hoh=
le Hand, und nennt das zweite Uebel bes=
ser als das erste; diese Kolik ist vortrefflich!
spricht er.

Das eine Kolik! flüstert Juno.

Ich glaube kaum! lächelt Zeres.

Der Herr Urenkel irren sich gewaltig!
ruft halblaut Grosmutter Zibele herunter.

Dem armen Aeskulap wird es nicht
wol bei der Sache. Haben die Damen
promovirt? fragt er, aus lauterer Angst
wizzig.

Auf diese Simtomen hin! kikkern die
Damen im hellen Ton.

Aeskulap schiebt sein Baret auf ein Ohr,
und krazt sich hinter dem andern. — Ich be=
greife nicht —

Die Damen winken der hilfreichen Lu=
zina,

zina, die ahnungsvoll schon auf dem Sprunge steht. Luzina eilt geschäftig hinzu.

Ich gebähre! ruft der Gott hinter den Vorhängen.

Das — dachte ich! fällt Aeskulap ein.

Der vortreffliche Dekanus! kikkern die Damen wieder.

Luzina bringt das seltsame Schmerzenskind ans Tageslicht, und kreischt laut auf; der ganze Olimp sieht und kreischt mit ihr.

Ein bunt gefiedert, schwarzfusiges, tiefaugiges Ungeheuerchen zappelt sich in ihren Armen ab — das Drama war gebohren!

10.

Arkadien.

———

O wäre auch ich in Arkadien gewesen! rief die empfindsame Larissa aus, indem sie ein niedlich gebundenes Buch hinweglegte, und ihr Schnupftuch ergriff.

Der

Der alte Hausfreund trat in das Zimmer; theilnehmend fragte er nach der Quelle ihrer Thränen.

Ach! Arkadien!

Er sah sie etwas verwundert an, dann auf das Buch. Ha! sagte er nach flüchtiger Uebersicht des in goldnen Lettern prangenden Titels auf dem Einbande — unser Neuarkadien, das in Drukkerschwärze auf Velin- zuweilen auch auf Löschpapier liegt!

Harter Mann! — ich spreche von dem holdesten Lande des holden Gräziens. Man sieht doch, daß Sie alt sind.

Und eben daran, daß Sie, schöne Frau, davon sprechen, kann man wahrnehmen, daß hier nicht von dem eigentlichen Arkadien die Rede ist.

Nicht! wo liegt denn das?

Verschwiegen im innigen Gefühle.

———

II.

Der Regenbogen.

Der Mensch stand bewundernd vor dem Regenbogen. Glänzende Pforte des Himmels! rief er zulezt aus, warum versprichst du einen Eingang, welchen du nicht gewährst? Die ganze Glorie des Olimps strahlt in deiner Pracht, und lokt unsere Sehnsucht, ohne sie zu befriedigen! Ungerechter!

Der Regenbogen verschwand; sich verbergend sprach die Sonne: Ungerechter du selbst! warum suchst du den Himmel, den ich laut verkünde, im Farbenspiel meines Wiederscheins?

Und die entschmükte Wolken sandten ihren Regen auf den kurzsichtigen Bewunderer nieder, und sprachen: Vergoldete Dünste sind deine Augenweide; wozu flammt die hehre Sonne am Firmament?

Der Mensch murrte über den Regen, zürnte der Sonne, und weinte dem Regenbogen nach.

12. Schrek=

12.

Schnekkenlehre.

————

Ermüdet lies sich der Sperling bei einer Schnekke nieder, die eben dem warmen Odem des Mai's ihre Fühlhörner entgegenstrekte, und gar behaglich aussah. Du glükliches Wesen! zwitscherte er halb kläglich — dir immer gleich, kennst du die Quaalen der Begierde, die Ermüdung des Genusses, die Gefähren der Beweglichkeit nicht. Was ich sehe, möcht' ich haben: hier winken reife Kirchen, dort hübsche Sperlingstöchter — ich lasse mich von beiden fortziehen, und hänge dann die Flügel; mitten aus meiner Fröhlichkeit schrekt mich das Feuerröhr des neidischen Menschen auf, der seine Früchte allein besizzen will. So leb' ich, da hingegen du — — — lehre mich, ich bitte dich, gleich dir ruhig und genügsam sein.

Die Schnekke hatte aufmerksam zugehört, und zog sich nun in ihr Haus zurük.

Er=

Erstaunt sas der Sperling eine Zeitlang stumm vor demselben, indem er die kleine helle Augen fest darauf heftete, und die Rük=kehr der Denkerin erwartete. Aber sie blieb aus.

Ist das deine Antwort? schrie zulezt der Ungeduldige in das kleine unbewegliche Haus.

Leise flüsterte die Schnekke aus ihrer Freistätte: Tausche erst deine Augen um Fühlhörner, und die leichtfertige Flügel ge=gen ein anklebendes Haus, und alles Uebrige macht sich von selbst.

13.

Dank und Undank.

Kalt gieng der Wind über die Stoppeln; ein armer Wandersmann in dünnem Ge=wande beflügelte den Schritt, um der rauhen Luft zu entgehn, und Speise zu finden. Wie er um die Ekke biegt, flakkert ihm ein wol=

thäti=

thätiges Feuer entgegen, und ein bereits ge-
bratenes Gerichte Erdäpfel lacht ihn an.

Wie schnell wirft er den Wanderstab zu
Boden, wie hastig sich selbst dem Stabe
nach: behaglich ergiebt er die steife Glieder
der belebenden Wärme, und rasch stillt er
den Hunger.

Das Feuer ist abgebrannt, der Waller
erwärmt und satt: freundlich sieht er in die
Flamme, trägt neues Holz bei, legt aus dem
Vorrathe der Erdäpfel ein zweites Gerichte
an die Glut, lächelt dem frisch aufflakkernden
Feuer, und geht, indem er noch mehr als
einen dankbaren Blik nach dem wolthätigen
Plazze zurücksendet.

Die Flamme brannte eben am hellsten,
die Erdäpfel waren gebraten, als zwei zierliche Herrn auf schönen Rossen, von nett
gekleideten Dienern umgeben, bei Heerd' und
Tafel im Freien, ankamen. Gleich dem
Wanderer erfroren, hungrig gleich ihm, stiegen sie behende ab, wärmten sich, asen,
murrten mit käuendem Munde über den
Rauch des Feuers, und die Kärglichkeit des
Mahles; wärmten sich aber und speisten dennoch

noch immer fort, erhoben sich warm, satt,
gähnend, stiegen unbekümmert wieder auf
ihre Rosse, und trabten weiter: nicht besser
machten es die Diener.

Undankbare! rief eine Stimme aus dem
Feuer, die Reiter hielten erstaunt – Undankbare!! nur für euch wißt ihr zu sorgen! –
Ein Bettler hinterlies, was ihr genossen,
und ihr laßt nur Asche und Hülsen hier!

Hört doch den Salamander! sagte der
eine – darum war es ein Bettler! der andere; die Diener lachten laut, und alle gal-
lopirten davon.

14.

Der Ruhepunkt.

Der Löwe sagte: Wol liebe ich den Krieg,
aber ich kriege nicht immer, und dann freu'
ich mich der guten, stillen Höhle, und der
Meinigen.

Der Adler fuhr fort: Wol lieb' ich den
Glanz der Sonne, doch ruhe ich oft Tage
lang

lang in meinem Felsenhorst, und pflege meiner Jungen.

Der Honig ist mir lieb, brummte der Bär; aber ach! die Zeit ist auch köstlich, wo ich daheim liege, und an den fetten Tazzen sauge.

Ich sammle gern, fiel der Hamster ein, aber ich geniese auch gerne der Wintermuse.

Treu wache ich für Herrn und Heerde, sagte der Hund, doch nüzz' ich manches Viertelstündchen zum Schlafe.

Und wenn ich Nachts Mäuse und Geliebte aufsuche, so erhohle ich mich am Tage, maute der Kater.

Noch manche Thiere mahlten das Glük ihrer Lieblingsneigung, aber zugleich das Bündnis, worein sie solche mit dem Genuß der Ruhe zu sezzen wußten.

O ihr Ueberglükliche, rief der Pfau— so wol wird es mir Armen nicht. Bald muß ich mein prächtiges Rad schlagen, bald spazieren gehn, um meiner schönen Füse willen, bald singen, weil alles nach meiner schönen Stimme verlangt; für mich giebt es keine— keine Ruhe.

_____

15.

Löwenrath.

Der Haase gieng zum Löwen in Dienste, um sicher Essen zu haben, und vor dem Gegessenwerden sicher zu sein. Eine Zeitlang gieng die Sache herrlich. Wie aber erst der Haase der Ruhe gewöhnt, und durch manch verschmaußtes Krauthaupt fett, wolgemuth und nasewis wurde, so fieng er an zu überlegen, warum denn gerade der Löw' ein Löwe, und er ein Haase sein müsse, und zu bekritteln, daß es so sei.

Welche glühende Augen er hat! murrte er für sich — welche volle Mähne, welche Zähne, welche Stimme, welche Krallen! Es ist entsezlich! und warum hab' ich denn so verwünschte kleine Glozaugen, Kazenhaare, eine quäkende Stimme, keine Krallen und so lange Ohren? Was hilft es mir, in Ruhe mich zu mästen, wenn ich ruhmlos mein Leben verträumen soll? Ich fühle mich zu etwas Edlerem berufen — ich will den Löwen bit=

bitten, mich in die Schule, und zu seiner Begleitung bei Krieg und Jagd zu nehmen.

Der Löwe lachte, daß ihm die Thränen in den Bart liefen, wie der Haase ihm seinen Wunsch vortrug, indem er sich dabei auf die Hinterläufe sezte, und pathetisch Männchen schnitt.

Höre meinen Rath, Freund, sagte der Monarch — Unter den Löwen wirst du immer ein Haase bleiben; suche du daher ein Löwe unter den Haasen zu sein. — Du schüttelst die Ohren, du sinnst — du verstehst mich nicht? Ach! aus dir wird ewig nichts, als ein Haase in vollem Ernste.

16.

Die Bildung.

Arabiens Gefilde wurden von Wölfen verwüstet; ihre Wuth schonte auch der friedlichlichsten Thiere nicht. Da trat ein Weiser zu den Priestern, und sprach: Warum lehrt ihr sie nicht im empfänglichen Alter die Tugend

gend kennen? Eure Jünglinge lernen das
Gute — sollte der Wolf nicht in zarterer
Kindheit dessen auch fähig sein? Die wilde
Väter würden dann vertilgt, die gebildeten
Söhne bleiben:

Die Priester sagten: der Weise spricht,
wie — ein Weiser. Alles Volk jauchzte, und
lobte sehr den klugen Mann. Die Jäger zogen aus, fiengen einen jungen Wolf, brachten ihn triumfirend heim, und gaben ihn dem
Weisen in die Schule.

Wenn er mir nur lesen lernt! sprach
der kluge Mann wieder. Der Fall wäre
neu, sicher der Erfolg. Wenn er mir nur
lesen lernt; dann bin ich unbesorgt— die Ge-
lehrsamkeit ist Alles und Eines.

Die Natur ist es, mein Guter, lispelte
eine niedliche junge Araberin, mit dem spie-
lenden Kinde auf dem Arme.

Er soll lesen lernen! rief alles Volk;
der Weise sah zufrieden auf seinen Bauch,
und spöttisch nach der kleinen Araberin, die
lächelnd ihr Kind herzte, und gieng.

Unser Wölfchen studirt; unser Weiser
stellt ihm mit feierlichem Ernste die Buchstaben

ben nach Standesgebühr vor, — Liebkosungen
und Schläge wechseln in bunter Reihe, das
Wölfchen schwizt zähnefletschend, und wiederhohlt endlich heulend die oft vorgeplärrten
Laute.

Wunder! schreit der Weise, und alles
Volk schreit ihm nach: Wunder! O der große
Mann! der große Gelehrte! —

Und siehe da! immer größer wird auch
das Wunder: von freien Stükken heult der
Wolfsjüngling Worte statt Lauten; deutlich
spricht er mit rollenden Augen: Lamm, Schaaf,
Ziege, und sucht die Personen zu seinen Worten von weitem in dem Publikum seiner Bewunderer auf.

Der Weise starrt, das Volk starrt, die
Priester starren. Lächelnd naht sich die niedliche Araberin mit ihrem Kinde, und flüstert
dem bestürzten großen Manne in's Ohr:
Die Natur, mein Guter!

—————

17. Die

17.

Die Lacher.

Der Papagei war der Gefängenschaft entflohen, und ins Vaterland zurükgekehrt.
Seine Ankunft erregte große Freude in der
Familie, unendliches Aufsehen in der Heimath. Was ihn zunächst umgab, schrie laut
von seinen Verdiensten, gläubig hörte zu,
was entfernter von ihm war.

Die allgemeine Theilnehmung that dem
gereisten Vogel sehr wol; er zeigte sich täglich mehr, um jedermann zu befriedigen, und
sezte zulezt gewisse Stunden aus, um öffentlich zu sprechen.

Meine Brüder, sagte er, ihr seid viel
zu ernsthaft, und glaubt dem Indier alles
auf das Wort; darum werdet ihr sein Spott.
Nichts Lächerlicheres giebt es auf Erden, als
den Indier, und er ist eben so leichtgläubig,
als ihr es bis jezt waret. Hört meine Er-
zählungen, und werdet klug.

Nun

Nun schilderte er das Treiben Hindostans: die Papageien sperrten Schnabel und Ohren weit auf, fiengen an zu lachen, lachten immer mehr und herzlicher, und hörten endlich gar nicht mehr zu lachen auf.

So seid ihr auf dem rechten Wege, beschloß der Erzähler seinen Lehrkurs; so vorbereitet geht nun in dieses Land, das ich euch gemahlt habe; das Uebrige wird euch euer Verstand von selbst eingeben.

Die Papageien wanderten aus, und zerstreuten sich nach allen Richtungen. Sie fiengen damit an, aufmerksame Zuhörer zu seyn; das war man von ihnen gewöhnt: dann schwiegen sie, man zürnte der Unterlassung des Nachsprechens: schmeichelnd lokten sie den Vorsprechenden weiter; das stille Horchen versöhnte, die stumme Aufmerksamkeit gewann den Zauberschein der Huldigung, die Erzählung gieng ihren Weg; leise lächelten die Papageien; man war überrascht, und lobte die verständige Vögel; sie lachten lauter, und das Wolgefallen wurde bemerkt, um das Erstaunen zu verbergen — sie lachten ganz laut, und màn fieng an, sie zu fürchten, doch beschloß man noch abzuwarten.

Aber, wie es mit dem Lachen immer ärger wurde, so rief alles mit einer Stimme: O wie traurig, daß die Natur immer mehr ausartet! sogar die Papageien werden ihrer Bestimmung untreu! An demselben Tage öffnete man in ganz Indien alle Käfichte, und lud die unbequemen Gäste zur Abreise ein. Sie machten Miene, bleiben zu wollen; und nun machten die Indier Ernst, sie fortzujagen.

18.

Felsen-Logik.

Machmud war aus einem armen Sklaven zum reichen Manne geworden. Der Zufall, welcher ihn auf die unterste Sprosse der hohen Leiter stellte, half ihm schnell hinauf, das Glük lächelte ihm freundlich, sein Talent erwachte am Strahl des Erfolgs, wie der Blumenflor an dem warmen Hauche des Früh-

Frühlings; er benüzte die Gaben des Ohngefährs, und schwang sich so hoch empor, daß ihm oben schwindelte.

In diesem süsen Schwindel des überraschten Glücklichen, hatte er angefangen das kleine Haus seiner Väter zu erweitern; die Verschönerung zeigte ihm erst die ursprüngliche Häßlichkeit in ihrem vollen Lichte: er riß es nieder. Aus der Hütte wurde ein Pallast, aus dem kleinen Garten ein groser.

Je mehr er aufwendete, desto reicher fand sich seine Kasse, desto lüsterner seine Genieslust: das Glük war eben so wenig müde gewesen, ihn mit Geschenken zu überschütten, als er, diese Geschenke geltend zu machen. An den Pallast schlossen sich Palläste, an den grosen Garten unermessliche Gärten an: er kaufte Länderei um Länderei, alles verschmolz sich in den grosen Plan seiner Anlagen.

Zulezt sties er mit seinen Erwerbungen an einen Felsen, der ihm eben die schönste Aussicht verkümmerte. Trostlos sann er Tag und Nacht auf Mittel diesem schreklichen Uebelstande abzuhelfen: machte nicht der trozzige

zige Granitblok die ganze prachtvolle Schöpfung zu Schanden! Doch — das leidenschaft-
lichste Nachsinnen zeigte kein Mittel, und der
Fels trug noch immer sein stolzes Haupt
empor. Täglich wanderte Machmud zum Fuße des Unerschütterlichen, verzweiflungsvoll
seine Höhe, seine Gediegenheit messend, und
kalt und ernst sah der Fels auf den Trostlosen herab.

Da kam ein europäischer Feuerkünstler
zu Machmud, und lehrte ihn, wie man mit
Pulver die Eingeweide der Erde zerwühlen,
und die kolossalische Massen widerspänstiger
Bergriesen sprengen könne. Der Fels erlag
der schmetternden Kunst; aber sein Fall war
ein Erdbeben, und in Trümmern flog der
Ruin umher.

Nur so konnte dir's gelingen! rief der
entweichende Geist des Felsen dem triumfi-
renden Grundherrn zu. Mit dem Entschlos-
senen unterhandelt sich's nicht, es gilt nur
um Verderben!

———

19. Schwer-

Schwermuth.

Einige Thränenweiden gruppirten sich melankolisch, und senkten matt ihre Zweige nach dem nahen klaren See. Gegenüber ertönte aus einem Blüthenbusche das holde Lied der Nachtigal.

Geendet hatte die liebliche Sängerin, und sah nun aus der grünen Nacht ihres Sizzes mit dem hellen geistvollen Auge umher. Die Trauerversammlung der kläglich flüsternden Bäume fiel ihr auf.

Was habt ihr Gute? fragte sie, näher schwebend.

Ach! seufzten die Bäume, wir weinen—

Und warum?

Wir seufzen um Babilon, unsere Heimath —

Aber seid ihr nicht hier gebohren?

Doch das Unglück unserer Vorfahren—

Ist keines für euch mehr!

Unser sanfter Gram —

Fort

58

Fort damit! auch hier iſt der Himmel
ſchön, der See klar —

Iſt uns lieb!

Ihr ſeid nicht klug.

Wie! fiel die jüngſte und empfindſamſte
der Thränenweiden mit dem Tone des mil=
den Vorwurfs ein— wie! höre ich wirklich
die weiche, gefühlvolle Nachtigal, deren zau=
beriſche Klage kaum noch hier erklang? Sie,
die holdeſte Prieſterin ſüſer Schwermuth,
kann der unſrigen ſpotten?

Die Nachtigal lächelte, und verſezte im
Flötentone: Ich ſinge dem Herzen, das be=
weiſt mein Lied; ich lebe der reinen Freude,
davon zeugt der Gegenſtand dieſes Liedes;
ich ſehe die Wirklichkeit mit ruhigem Mu=
the, darüber ſeht ihr in mein Auge!

Die Bäume ſchüttelten unwillig ihre
flüſternde Blätter, die Nachtigal ſchlüpfte
froh in ihren Buſch zurük.

20.

Die Verbrecher.

———

Dräuend ſah der Fuchs auf den Wieſel —
Kekker Eierdieb! rief er ihm zu, warte, ich
werde deiner Heuchelei ein Ende machen! —
Bſt! bſt! Hühnerfreſſer! ſchrie der Wolf den
Fuchs an, es ſteht dir trefflich, den Mora=
liſten zu ſpielen! — Hehe! brummte der Tie=
ger, iſt kein Lamm da, gegen den frommen
Wolf zu zeugen? —

Der Löwe erſchien langſam und feier=
lich, der Affe ſtolperte munter und poſſirlich
nebenher.

Guter Freund, ſagte zu ihm der Löwe,
beſchreibe mir die Geſchichte dieſer Heiligen
— und ihr gute Seelen — fuhr er fort, in=
dem er ſich zu der beſtürzten Schaar wan=
dte — behaltet nur im Gedächtniſſe, was ihr
einer vom andern hörtet: damit es aber den
gehörigen Eindruk mache, will ich dem ein=
zigen, der leer ausgieng, den Text ſelbſt le=
ſen: ihr andere könnt euch's merken!

Da=

Damit schüttelte er den Tieger kräftig
bei den Ohren, und diese simbolische Predigt soll eine Zeitlang gewirkt haben.

21.

Ballszene.

———

Der Hirt.

O gute alte Zeit!

Die Hirtin. Alte!

Hirt. Wo flohst du hin?

Hirtin. In das auch alte Land der
Ritterschaft!

Hirt. Von flüsternden Blättern und
duftenden Blühten beschattet, lag die Liebe
am Busen der Natur.

Hirtin. Wäre sie ihm entflohen, wie
den Blättern?

Hirt. Ihr Gefühl war rein — offen
ihre Sprache.

Hirtin. Offen sind noch die Herzen,
wie die Augen.

Hirt.

Hirt. Keine entweihte und entweihen-
de Sprödigkeit kränkte sie; keine heuchelnde
Gefallsucht entlehnte ihre Gestalt: aber sie
ruhte an der Treue, und das schönste Glük
war ihr Lohn.

Hirtin. Brav, Improvisatore!

Hirt. Jezt heist sie veraltet, wenn sie
vier Wochen erlebt hat.

Hirtin. Ach — — ja!

Hirt. Treue — Beständigkeit sind
Mährchen —

Hirtin. Aus der blauen Bibliothek?

Hirt. Man seufzt aus —

Hirtin. Zuweilen aus Langeweile.

Hirt. Und die Thränen des Gefühls—

Hirtin. Sind seit Petrarch verwischt.

Hirt. Aufrichtigkeit —

Hirtin. Findet sich auf dem — Balle!

Hirt. Und Schelmerei —

Hirtin. In der Welt.

Hirt. Liebe und Freundschaft sind —

Hirtin. Angenehmer geworden.

Hirt. Ein warmes Herz —

Hirtin. Gilt immer seinen Werth.

Hirt. Die Jünglinge kleiden sich —

Hir=

Hirtin. Genialifch.

Hirt. Zählen ihre Schönen —

Hirtin. Die wieder zählen.

Hirt. Leichtsinn wird ihr Triumf —

Hirtin. Um Vergebung, der unsrige.

Hirt. Bescheidenheit —

Hirtin. Man nennt einen Auffatz so!

Hirt. Die Weiber lieben —

Hirtin. Wie die Männer, sich selbst.

Hirt. Gold ist — —

Hirtin. 'In Amors Binde gewürkt.

Hirt. Sonst waren frische Blumen —

Hirtin. Und ein Schäferstab —

Hirt. Ein zärtlich Herz —

Hirtin. Und ein Liedchen —

Hirt. Die Schätze der Liebe. Die Herzen gaben sich auf ewig —

Hirtin. Das thun die Hände noch.

Hirt. Aber sie liebten auch ewig —

Hirtin. Diesen Vorzug hat noch die Freundschaft.

Hirt. O komme zurük, du gute alte Zeit!

Hirtin. Wir verbitten uns Gespenster.

Hirt. Bring' Unschuld und Glück wieder!

Hir=

Hirtin. Aber ein Tempe mit!

Hirt. Eile!

Hirtin. Wenn du noch — den lezten Hirten finden willst.

Hirt. Doch, ich finde dich in meinem stillen Thale —

Hirtin. Am glukkenden Bache!

Hirt. Du wirst mir Zufriedenheit geben —

Hirtin. Muß man darnach auf Reisen gehn?

Hirt. Und ich gebe dir mein Herz —

Hirtin. Mit Erlaubnis, das behalte ich hier.

Hirt. Es schlägt in meiner Brust.

Hirtin. Bis ich es ford're.

Hirt. Es giebt sich nur freiwillig.

Hirtin. Ich nehme es.

Hirt. Bist du gut und alt?

Hirtin. Deine Güte schmekt wahrlich nach der alten Zeit!

22.

Leibeigenschaft.

———

Mag der Adler mit Jupiters Donnerkeilen
spielen! mag es glauben, wer nach Mährchen lüstert, daß sie ihm zu Gebote stehn!
ei! mag glauben, wem es damit gedient ist,
daß es einen Jupiter giebt! Mich, mich kümmern weder Adler, noch Donnerkeile, noch
Zevs — ich bin frei und stark!

Diese Worte schallten durch den Wald.
Wer spricht hier so tolles Zeug? fragte ein
heiterer Grünspecht, und sah von seinem
Baume nieder.

Ich! rief es wieder; ich! — und der
neugierige Specht dehnte den Hals, um —
einen Gimpel zu erblikken.

Er lachte vor sich hin. Woher, Freund?
fragte er den Entflohenen freundlich — die
rosenfarbene Schleife um den Hals deutet
auf — — —

Leibeigenschaft! rief der Gimpel erröthend, so viel nämlich ein naseweiser Gim-

pel

pel erröthen kann — Ja, das Unglük hatte
mich in die Sklaverei gestürzt: in dem Kä-
ficht einer alten Matrone, oft neben ihr auf
dem Ruhbette, oder vor ihr auf dem Scho-
se verbracht' ich ein ruhmloses Leben in
Trägheit und Gaumenküzzel: fromme Lieder
mußte ich lernen und singen, Zukkerbrod
essen, mich von ihr küssen lassen, und —
doch genug! ich war ein elender Sklave —
jezt bin ich frei und stark.

Wenn sie so sehr dich liebte, mein Guter, erwiderte der Specht, so hast du wahrhaft undankbar gehandelt. Sie wird sich um
dich grämen —

Mag sie! Meinen Beruf hab' ich wieder
gefunden — ich wage alles an alles —

Du bist des freien Lebens nicht gewöhnt,
und kennest nicht die Gefahren —

Gefahren! Pah! ich lache ihrer — —
Hu! was ist das?

Es beginnt zu regnen.

Zum Gukguk auch! ich werde ganz naß!
— darf ich dich wol um einen Unterschlupf
bitten, mein bester Grünspecht?

Recht gerne — nur hieher!

Der

Der Gimpel schüttelte sich — Aber der Regen dringt ja doch herein! klagte er bald kleinlaut.

Dafür ist's nur ein Blätterdach.

Der Himmel steh' uns bei! das war ein Bliz —

Uns Waldbewohnern nichts Neues, versezte der Specht kaltblütig.

Ach ihr Götter! welch Donnergebrüll!

O! das ist noch gar nicht arg! lachte der Specht.

Du lachst? Frevler!

Nicht um des Frevels willen, wie gewisse Leute sprechen —

Giebt es solche Leute? — der Gimpel zitterte an allen Gliedern — O die Verruchte!

Das Gewitter dauerte mit anhaltendem Toben fort; mühsam nur erhielt sich der Flüchtling auf dem Aste, welchen der gastfreie Specht mit ihm theilte: in sich geduft, drükte er den Kopf bei jedem Blizze ängstlich nieder, und summte mit bebender Stimme alle fromme Lieder seiner verlassenen Matrone.

Was

Was ist das! schrie er ausser sich, indem ein lautes Flügelgeräusch über den Baum hinzog.

Vermuthlich ein Adler, sagte ruhig der Wirth: er wird nach seiner Heimath eilen.

Gerechter Jupiter! Gnade mir Sünder! Erbarmen, o du hoher Adler! ich glaube an dich, an ihn, an alles — alles! — Mit diesen Worten stürzte der Freigeist auf den Boden hinab, den zum Glükke für ihn Mutter Natur so weich mit Waldmoos gepolstert hatte, daß er keinen Schaden nahm. Aber leblos lag er da, bis das Gewitter vorüber war, und kaum getroknet an den wiederkehrenden Sonnenstrahlen, trat auch er die Rükreise nach dem verlassenen Käsicht an, bat um Zukkerbrod und Gefangenschaft, sang seine fromme Lieder nach wie vor, und flüsterte: Behagliche Leibeigenschaft schlägt uns Simpeln doch besser an, als freier Troz gegen Gefahren.

―――――――

23. Der

23.
Der Ameisenlöwe.

Der Ameisenlöwe vernahm, daß die ei=
gentliche Löwen Krieg miteinander führten.
Flugs dehnte er sich in seiner keinen Grube
groß aus, schnitt wichtige Mienen, und
warf Sand um Sand in die Höhe. Amei=
sen stürzten schwindelnd herab; aber diese
verschmähte der neue Held: er wollte dieses=
mal merkwürdig werden, nicht satt, und sas
gravitätisch auf der Lauer. Umsonst war das
Beispiel der Flucht, welche alle Thiere um=
her nahmen: vergeblich tönte sogar das ängst=
liche Zwitschern der Vögel zu ihm herab.
Dräuend blieb er im Lager sizzen, und grim=
mig sprizte er immer noch den Sand in die
Höhe, aber lange blieb der neue Feind aus,
den er laut aufforderte. Endlich schallten die
mächtigen Tritte der Löwen, und ohne es zu
ahnen, begruben sie den Ameisenbesieger durch
einen einzigen Schritt; erstikkend schmunzelte
er noch: Nur durch Löwen konnte der Löwe
fallen!

24. Der

24.

Der Vormund.

————

Ein alter Affe, der sich von jeher viel mit Ge-
lehrsamkeit beschäftigte, war zulezt der vollen
Ueberzeugung geworden, daß nichts über das
Alterthum gehe. Damals — sprach er — hatten Menschen und Affen noch ächte Weisheit, wir waren geachtet, und unsere Stiefbrüder fühlten Freundschaft für uns; so
konnte die Welt bestehn. Aber nun —

Der benachbarte Emir starb, und wie
das Testament eröffnet wurde, fand sich's,
daß er den alten Affen zum Vormund über
seine zwei Söhne gesezt hatte. Die Afrika-
ner sind in manchen Stükken duldsamer als
die Europäer; so blieb es bei dem allgemeinen Erstaunen, aber niemand legte der Ausführung etwas in den Weg.

Unser Affe erzog die junge Herren in der
Furcht Allah's und der Affen; sie bildeten
sich recht ordentlich, und wie sie mündig
wurden, traten sie zwar die Regierung ihrer

Stämme an, allein zugleich huldigten sie dem
Oberregimente des Vormunds und seiner
Angehörigen. Wer Glük machen wollte, mußte
so viel möglich affenmäsig aussehn; wer sein
Glük behaupten wollte, wenigstens eine junge
Affendame heirathen. Vor eitel Purzelbäu=
men und Frazzengesichtern behielt man keine
Zeit übrig, mit Menschen gleichen Schritt
zu halten, und in klugen Augen nach richti=
ger Stimmung zu forschen.

Nach und nach wanderten die Stiefbrü=
der Menschen aus, und Affenbrüder ein —
die Vermählungen thaten auch das Ihrige,
und wie zulezt die Volkszählung eitel Orang=
Outangs, Paviane und Meerkazzen ergab,
so wurde ein grosses Fest gefeiert, und dem
Himmel gedankt, daß das alte goldne Zeit=
alter zurükgekehrt sei.

25. Mah=

Mahler und Farben.

Eine Gesellschaft von Künstlern hatte sich das Wort gegeben, um den Preis des öffentlichen Beifalles zu ringen, ohne jedoch den Kampf anzukündigen. Die Zeit, in welcher die Gemälde fertig werden sollten, war bestimmt; man hatte sich wechselseitig tiefes Geheimnis versprochen: keiner der Mitwerber sollte von dem andern wissen, was er vorbereite, um sich des Sieges zu versichern. An dem festgesezten Tage wollten die Mahler alle ihre Werke verdekt an denselben Ort bringen, sie neben einander aufstellen, die Hüllen wegnehmen, sich selbst überraschen, dann dem Publikum die Thüren öffnen, und ohne sich zu nennen, gemeinschaftlich des Urtheiles harren.

Gesagt, gethan. Die Künstler eilten nach getroffener Abrede auseinander, und nach Hause, die Werkstätten wurden verschlossen, die Farbenreiber schwizten, der Genius arbeitete

beitete mit aller Macht, über welche er Herr
war; und die Gesellschaft der Mahler schien
ausgestorben, so wenig sah man irgend einen
aus ihrem Mittel.

Der grose Tag erschien; hüllenlos prang-
ten die Kunstwerke in der Gallerie: das stille
Spiel der Leidenschaften im Busen ihrer
Schöpfer, der laute Lerm der bei Eröffnung
der Thüren heranströmenden Gaffermenge
war vorüber: der kleinere Ausschuß wirkli-
cher und vorgeblicher Kenner wandelte durch
den schallenden Saal, einzelne Gespräche
mischten sich in das Verhallen langsamer
Schritte, und hinter einen Vorhang hatten
sich die lauschende Mahler zurükgezogen.

Der gefürchtete und reiche Kunstkenner
Rhadamant gieng mit ruhiger Miene von einem Gemälde zum andern: die kleine Schaar
gebildeter Liebhaber, ernstlicher Kunstjünger,
und sich selbst verleugnender Lauerer begleitete ihn.

Diese Euridize, wie sie dem verzweifeln-
den Orfeus an der Schwelle des Orkus
wieder entrissen wird, hat sicher der unwill-
ührliche Egoist Alzifron gemahlt, sagte unser
Rha-

Rhadamant. Weinte er nicht laut um ver=
lohrne Mitgift, einsames Lager, und ver=
schwundenen Zufluß der Gebildetsten in der
Hauptstadt, als er in heissen Thränen um
seine Elmira zerfloß? Schön — schön! die
richtigste Zeichnung von der Welt, pathogno=
mischer Ausdruk, strenges Kostum, glänzende
Farben, aber — kalt! kalt! Die Skizze des
liebevollen Jammers, aber troz alle dem un=
ausgefüllt! Dem Gemälde fehlt die Seele des
Gefühles, weil sie dem Mahler gebrach.

Und hier! Artemisia am Denkmale ihres
Mausolus vor Schmerz sterbend — die kann
nur unser lauter Melind gedacht und gebil=
det haben — er, der noch in Trauerkleidern
um seine vor fünfzehn Jahren verstorbene
Geliebte geht, und nur mit rothgeweinten
Augen öffentlich erscheint. Zwar hat die Zeit
den warmen Strom seiner Zähren ausge=
trocknet: doch er hat das Geheimnis gefun=
den, sich zum lebendigen Mausoläum umzu=
schaffen. Diesen Ehrgeiz des Kummers hauch=
te er auch seinem Gemälde ein: aber brennt
er in diesem bleichen Geisterbilde nicht wie
eine erlöschende Grabesflamme? So fühlt
und

und so mahlt der wahr empfindende Mensch
nicht.

Ha! eine Alzeste, die als Opfer für den
Gatten in des Geretteten Armen den Geist
aufgiebt! — hm! hm! recht artig! möchte
ich sagen, hielt' ich es nicht für sehr unar-
tig und unwürdig zugleich, diesen Maasstab
auf die ernste Kunst anzuwenden. Zwar stirbt
die edle Selbstverläugnerin vor unsern Augen — zwar sehn wir Admets Kummer —
doch, wem sagte nicht gleich der erste Blik,
daß sie ehestens wieder erwachen wird, daß
der jammernde Gatte schon ihres Wieder-
sehens gewis ist, eh'er noch einmal die Trö-
stungen des freundschaftlichen Alzides neben
ihm vernahm! Alles müßte mich trügen, oder
Hermes hat dies Bild in's Dasein gerufen,
er — der leicht weint, und schnell die Thränen trocknet; der, gleich der Turteltaube
girrt, um für zärtlich zu gelten, und schluchzt,
um sich trösten zu lassen; der Thränen um
Thränen hinleiht, wie der Wucherer Zinsen
zu Zinsen schlägt!

Um des guten Himmels willen! ich bitte
euch, Freunde, fuhr Rhadamant ziemlich
leb-

lebhaft auf, ich bitte euch, was ist aus dieser Virginie, aus diesem unglückseligsten der Väter geworden! Drükte nicht der laute Ruf der bekanntesten aller Geschichten dem Gemälde den Stempel auf, wahrlich! man wäre versucht, einen Preis auf die Erklärung zu sezzen, was diese Figuren sollen; denn — sie wollen nichts: gleich angekleideten Puppen stehn sie da, oder wie die Bildsäulen am Brunnen zu Abdera, die nichts zu thun hatten, weil ihnen der Brunnen kein Wasser gab. Das hat gewis Hermolaus gemählt, der herzlich gern weinen möchte, wenn er nur Kummer fühlen könnte: und sich, ehrlich genug, über sich selbst ärgert, daß er so unmanierlich flegmatisch ist.

Was ist das? — Wie! Du konntest dich an die sterbende Tugend wagen, die sich, treuer Liebe entreissend, stirbt, um unverdiente Schmach zu versühnen? an den trostlosen Gatten, der nach der Scheidenden die Hände ringt, indeß sich sein Blik vom hohen Himmel, welchem er Klage und Verzweiflung aufbringt, zur räthselhaften Errettung des Vaterlandes hinwindet? an den männlichen

lichen Kummer der Römerseelen, die, zwi=
schen Jammer und Wuth, zwischen Mit=
leiden und erhabenen Planen getheilt, mit
der linken die heiße Thräne troknen, indem sich
die Rechte krampfhaft ans Schwerd drükt?
Du konntest dies seelen= und lebensvolle Rie=
senwerk unternehmen, Korander, der des
Gefühls spottet, es nicht kennt, nicht kennen
will, und doch nach seinem Scheine angelt!
der den häßlichsten Mangel mit der häßlich=
sten Heuchelei dekken — möchte?

Der Unwille in Rhadaments Zügen ver=
schwand plözlich vor dem lezten Gemälde —
Es stellte Arria's Heldentod vor. — Das!
rief er entzükt, das hat ein Mensch ge=
mahlt, und der Genius! diese innige Liebe
gab das Herz, diesen hohen Sinn der Geist!
O wo bist du, wo, edler Architas! warum
entziehst du dich meinen Armen?

Niemand erschien. Unser Rhadamant
rief nach einer Pause des Nachsinnens: Für
jedes dieser Gemälde zahl' ich dem Meister
zweihundert Goldstükke; aber den höchsten
Preis des Genius geb' ich mit tausenden den
— Wittwen unserer gefallenen Krieger: Ar=
chitas

chitas trägt in dem Busen, der diese Schöpfung beherbergte, auch ihren Lohn.

Er legte die Summen bei den fünf ersten Gemälden nieder, und lies einen Aufseher zurük: später am Abend hohlten fünf sorgfältig verhüllte Gestalten das Geld; nach dem sechsten Gemälde fragte Niemand: aber um Mitternacht pochte es leise an Rhadamants Thüre, im Dunkel drükte ihn jemand innig an ein lautpochendes Herz, Rhadamant rief: Mein Architas, und Architas küßte ihn heiß, und entfloh.

26.

Die Himmelsleiter.

Der Löwe suchte den Adler auf, und fand ihn: gleicher Größe wird das Suchen nie schwer, weil sie sich gerne begegnet.

Ich habe eine wichtige Angelegenheit auf dem Herzen, sprach er zu dem Gefundenen: dein Rath kann mir große Dienste leisten. Daß ich auf der Erde stark, mächtig

und

und hoch geachtet bin, weißt du: aber ich
fühle mich zu noch Höherem gedrungen. Du,
Glüklicher, schwingst dich auf kühnem Fittich
zur Sonne, wann es dir gefällt: mit kräf-
tigem Auge schaust du sie an, und verklärst
dich im Himmelsglanze. Gefällt es dir aber,
dich zur Erde zu senken, so steht das auch in
deiner Willkühr, und du veredelst sie durch
das Gefühl, welches du aus höhern Re-
gionen mitbringst. Fliegen kann ich nun
zwar nicht —

Der Adler sah ihn freundlich an.

Die Natur hat dich reicher ausgestattet
als mich, als sie dir zwei Elemente zum
Wirkungskreise bestimmte; aber dein Rath
würde mich lehren, wie ich dem Himmel näher kommen könnte: jene Gegenden sind, wenigstens zur Hälfte deine Heimath, und auch
die Mittel, welche diese Erde mir gewähren
kann, dir nicht verborgen: doch über die Anwendung vermagst du allein zu urtheilen.

Edler Löwe, versezte der Adler, auf meinen Himmelsflügen lernte ich, daß ich — seh'
ich gleich näher als du — doch nicht mehr
sehe: unermeßlich dehnen sich bei meinem ge-
wag-

wagteſten Schwunge die Räume des Unendlichen über mir aus; die Sonne flammt
blendend und unergründlich auch für mich,
und wo die Luft ſich verliehrt, hören meine
Flügel auf, mich zu tragen —

Trüb ſenkte der wißbegierige Löwe das
Heldenhaupt.

Aber — fuhr der Adler bewegt fort —
auch das lernte ich bei meinen Himmelsflügen
ahnen, daß — wer ſich da obenhin zu ſeh-
nen verſteht — dem Himmel nah' iſt, und
läg' er im Abgrund' der Erde verborgen.

27.
Nehmen und Geben.

—————

Dr. Ildefons. Der Puls geht hoch,
Magnifizenz!

Der Pazient. Dieſe Krankheit wird
mich viel koſten — viel — Ach! mir iſt weh,
ſehr weh —

Dr. Ildefons. So geſchwind dürfen
Magnifizenz Prozeß und Muth nicht verliehren.

Pa=

Pazient. In welche Apotheke ver-
schreiben Sie?

Dr. Ildefons. Zum goldnen Adler.

Pazient. O weh!

Dr. Ildefons. Neuer Schmerz?

Pazient. Ach nein! ach ja! dort ist's
theuer — Warum nicht lieber zum bleiernen
Engel?

Dr. Ildefons. Magnifizenz befehlen—
Indessen bitt' ich — — —

Pazient. Um was? um was?

Dr. Ildefons. Diesen Trank — —

Pazient. Riecht kostbar aromatisch—

Dr. Ildefons. Zu nehmen.

Pazient. (schüttelt traurig mit dem Kopfe.)

Dr. Ildefons. Geschwinde! sogleich!

Pazient. Ich habe gestern resignirt—
ich nehme nichts mehr.

Dr. Ildefons. Geben Sie —

Pazient. (auffahrend) Was! wie!

Dr. Ildefons. Sich die keine Mühe—

Pazient. Ich lebe noch, ich gebe
nichts!

28.

Der Blik in die Ferne.

———

Krankheiten, Hunger, Krieg, Ueberschwem=
mung hatten das Reich der Thiere auf das
Aeusserste gebracht: dem weisen Elefanten
war es gelungen, der allgemeinen Noth zu
steuern, Muth zu erhalten, Kraft zu eini=
gen, und Rettung herbeizuführen. Der
Drang war nun vorüber, des Leidens Spu=
ren verwischten sich, und Freude feierte al=
lenthalben Feste zu Ehren und Preis des
Elefanten.

Im Herzen mit erfreut, sah er ernst um
sich her. Biber waren geschäftig, ein Denk=
mal für ihn zu bauen. — Fort! fort! rief
er, stellt die Dämme her, welche das Was=
ser zerriß; und werft der Wuth des Ele=
mentes neue entgegen.

Auf den Fluren errichteten die Heerden
Blumenhütten und Freudensäulen. — Ich
bitte euch, ihr Gute, laßt das, und bereitet
die Saat für die Erndte des künftigen Jahres.

Die

Die Maulwürfe hatten ein kleines Lust=
lager von Erhöhungen aufgeworfen, und
Löwen, Tiger, Rosse tanzten in dessen Nähe
ein Ballet: alles zur Glorie des Elefan=
ten, den sie laut den Hersteller, ihren Va=
ter nannten.

Begrabt die Todten, schrie er unwillig,
ihr Maulwürfe: und ihr, Starke im Volk',
übt euch im Waffentanze; wann wir dessen
wieder bedürfen, gilt es euch! — — Gute
Götter! sagte er innig bewegt und himmel=
wärts, wenn diese doch nicht so leicht über
dem erreichten Erfolge die Sicherung des
künftigen vergäßen!

Zweites

Zweites Buch.

Das Nordlicht.

Jupiter hatte die strahlende, allbelebende Sonne geschaffen; hehr und mächtig stand sie am Himmel, von ihren Trabanten umgeben; ihre Wärme drang bis in den tiefsten Schoß der Gewässer, auch in den Orkus fiel ein plözlicher Wiederschein ihres Lichtes.

Neptun erhob sein schilfbekränztes Haupt. Unwillig schüttelte er es, wie er die neu Geschaffene in ihrem vollen Glanz' erblikte, und sprach: Sind wir nicht beide Söhne des alten Saturns, Jupiter und ich? sollte ich minder mächtig scheinen, und nicht auch ein eignes Licht ins Dasein rufen? Er sprach's, und um Siziliens Gestade gaukelte die Morgana mit allen Wundern ihrer Erscheinungen.

Ganz artig! flüsterte Jupiter herab, doch — Bruder Neptun — ohne meine Sonne blieb dir dein — Spiel unmöglich. Neptun tauchte verstummend unter.

Aergerlich sas Pluto auf seinem schwarzen Throne: Ich bin der Bruder dieser Lichtwandler, und gleich ihnen mächtig; obwol im Schattenreiche herrschend, send' ich ihnen den Zeugen dieser Gewalt. Er winkte, und aus dem Schoose der alten Nacht rang sich das Nordlicht am Pol' empor.

Der lezte Rest meiner Sonnenstrahlen reicht hin, dein kaltes Gebild zu beleben, sagte Jupiter ruhig, und Pluto verbarg seinen Zorn in dem Reich' der Schatten.

2.

Der Lehrling.

Der Kater wurde der Hofmeister des jungen Leuen, und gab sich alle erdenkliche Mühe, aus ihm den Löwen, wie er nicht sein soll, zu bilden. Er zeigte ihm die Kunst, freundliche

liche Gesichter zu schneiden, und heimlich zu
murren; mit dem Schweife zu wedeln, und
mit den Augen zu durchbohren; scherzhaft sich
anzustreichen, und hinterrüks zu krazzen;
Sammetpfötchen zu runden, und verstohlen
zu beissen. —

Aber umsonst suchte er den edelgebohr-
nen Jüngling einzukatern; dieser begriff
ohne verstehn zu wollen, hörte, ohne zu behalten, sah zu ohne nachzuahmen: endlich riß
dem Pädagogen die Geduld, und er schnurr-
te den Zögling mit lauten Vorwürfen an.

Ewig wird nichts aus dir werden, rief
der aufgebrachte Mentor; ewig wirst du ein
rauher, roher, plumper, unbrauchbarer Ge-
selle bleiben! Auf dein unbeugsames Wesen
vermag die feinere Bildung nichts: ich gebe
dich verlohren.

Und warum? fragte ruhig der junge
Löwe; „weil ich die Krallen lieber zeig' als
berge?" *)

---

*) Die Söhne des Thales. II. Theil. S. 333.

---

3. Die

3.

Die Vorsorger.

Es drohte mit Mangel an Getreide. Alle
Thiere, welche sich von Körnern nähren,
machten gemeinschaftliche Sache, um für die
Zeit des hungrigen und doch dürftigen Winters zwekmäsige Anstalten zu treffen. Sie
übertrugen die oberste Leitung derselben einmüthig dem sparsamen Hamster und dem edlen Rosse. Denn, sagten sie, jener versteht
sich auf Werth und Würde des Getraides,
und ist ein Erzhaushälter; dieses aber kann
alles entbehren, nur den Hafer nicht, und
besizt eben soviel Gewandheit als Stärke,
eben so viel Redlichkeit als Fleis. — Unsere
Sachen werden gut gehn.

Alles freute sich, und war voll Hoffnung. Unermüdet trabte das Roß Berg auf,
Berg ab, durch Fluren und Wald; allenthalben suchte und fand es die Vorräthe, und
rastlos trug und zog es dieselbe mit Hilfe
seiner Verwandten und Freunde in die an-
ge=

gelegte Vorrathskammern. Dort übernahm
sie der Hamster; Verwahrung und Anord=
nung mit grosen Kennermienen besorgend,
und vor allem Volke, das ihn stets, das
fleisige Roß nur selten sah, mit dem Ver=
dienst' der ganzen Anstalt prangend. Dabei
vergas er die geheime Bakkentaschen nicht:
so oft er sich im Prunk' der Sorge für das
Ganze sehn lies, trug er sein bescheiden
Theilchen heim, und die ganze Hamstersipp=
schaft stand ihm treulich in Schein und Sa=
che bei. Dagegen bekrittelte er laut mit
patriotischer Frazze die mäsige Rechnungen,
welche das Roß von seinen reichlichen Lie=
ferungen in Abzug brachte, so genau es auch
die Kost für sich und die übrige Arbeiter an=
schlug, und so unverdrossen es seine Kräfte
zusezte.

Die öffentlichen Magazine waren gefüllt,
die unterirdische Sparkammern des Ham=
sters überfüllt, das Roß war mager und
müde: getrost legte es mit dem Hamster zu=
gleich seine Rechenschaft ab. Frei tönte die
Sprache seines guten Bewußtseins: süs und
schmeichelnd das Geflüster des Hamsters.

Laut

Laut erſchollen die Stimmen der Verſorgten
im Kor des jubelvollen Dankes für dieſen,
dem ſie doppelten Antheil als Bedürfnis und
Belohnung zuerkannten; doch dem Roſſe be-
ſchieden ſie für den ganzen Winter — eitel
Kleien, um — wie ſie ſagten — die Menge
des von ihm voraus verzehrten Hafers zu
erſezzen.

Stolz trat das Roſſ zurük, und überlies
die Blinden dem Hamſter. — Ihr könnt mich
kränken, ſprach es, aber nicht abwürdigen;
in rein erfüllter Pflicht, nicht im ſchmazzen-
den Fraſe, ruht mir ungetrübter Lohn. —

4.

Erörterung.

Der Freund. Warum treibt der Herr
keine ſolide Kritik?

Epikurchen. Ich ſollte ein Silbenklau-
ber werden, und mit blinzenden Augen und
geblökten Zähnen Meiſterſtükke zerfleiſchen!—
Ich genieſe ſie lieber.

Freund

Freund. Fräulein Onix ist toll vor Launen, und Madame Topas ist böse und toll zugleich.

Epikurchen. Was kümmern mich Onix und Topas? Ich liebe und küsse meine Rose!

Freund. Aber so ein reicher Gallarok, wie dort — — —

Epikurchen. Um den Menschen hängt, welchem der Himmel den Verstand versagte, als er das Amt auf ihn fallen lies? Mein Wein und meine Pflicht schmekken mir ohne Gallarok.

Freund. Weißt du schon, daß Madam Tulpe die Frau von Nelke zu ihrer Busenfreundin erwählt hat? Der arme Mann schlägt die Hände über dem Kopfe zusammen, und verwünscht die Unglüksstunde.

Epikurchen. Gleich und gleich gesellt sich gerne — darum küss' ich weder Frau von Nelke, noch Madam Tulpe.

Freund. Es giebt Matronen, welche dich anzischen, Epikurchen!

Epikurchen. Ja, ja, die Welt ist schlimm, aber mein Hochheimer gut.

Freund

Freund. Koketten seufzen und liebeln, die feine Buhlerei hüllt sich in Empfindsamkeit.

Epikurchen. Sie möchten die Natur bestehlen, und betrügen sich selbst. Was plagen mich leonische Menschen!

Freund. Der närrische Wallfisch hat Gold in Menge, und macht ein grosses Haus; alles bükt sich vor ihm. Die andächtige Tuberose liebäugelt mit dem Himmel, und durchplaudert die Erde; alles bükt sich vor ihr.

Epikurchen. Meine Freuden blühen mir so nah, daß ich mich nicht bükken darf.

Freund. Die Liebe hat ihren Preis, und das Herz geht zu Markte.

Epikurchen. Bleibe du nur gut und klug; du wirst schon deinen Preis gelten, und dein Herz nicht feil tragen dürfen.

Freund. Die Weinhändler giesen Wasser unter den Göttertrank.

Epikurchen. Wenn du deine Zunge rein erhältst, so findest du den ächten doch aus.

Freund. Die Welt macht mir Langeweile.

Epi=

Epikurchen. Und mir Spaß.

Freund. Ein schlechtes Theater ist sie!

Epikurchen. Aber wir haben einmal unser theuer Legegeld bezahlt.

Freund. Leider!

Epikurchen. Nun! so laß' uns auch lachen!

5.

Minervens Vogel.

———

Die Eule saß in der Felsenkluft, und schrie dem Kor der Vögel, die sich lermend und harrend vor der Höhle herumtrieben, Still-schweigen zu; gehorsam verstummten die Jün-ger, da sie hörten, die Meisterin wolle spre-chen, und lauschten der langen Rede, welche sie begann.

Man hat nicht genau in Erfahrung ge-bracht, was sie alles erzählte; doch ist soviel bekannt geworden, daß sie etwas von der Weisheit, ein wenig mehr von Minerven, das Meiste aber von sich selbst, als dem Vo-

gel

gel der Weisheit und Minervens, sprach.
Die Zuhörer fühlten, troz des besten Wil-
lens zu bewundern, kleine Anwandlungen
von Langeweile, hatten aber nicht den Muth
sich's selbst zu gestehn, fürchteten sich der
filosofischen Sünde, verwandelten die Gähn-
laute in Bravo's, und ergaben sich in Geduld.

Plözlich segelte ein schnell reisender Geier
vorüber. Wie er die Versammlung sah, lies
er sich nieder; wie die Versammlung ihn erblikte, flog sie auseinander, nur die Eule,
blind am Tage, fuhr, von sich selbst hingerissen, zu doziren fort.

Der hungrige Weltbereiser folgte dem
feierlichen Tone, besah sich die Professorin,
krallte sie an, und schoß mit den Worten:
Deinesgleichen giebt's in Athen noch genug,
hier bist du entbehrlich! durch die Luft mit
der Zappelnden davon.

6.

Der namenlose Wunsch.

Freundlich lies sich das Schiksal zu einer Schaar niedlicher Mädchen herab, welche im blühtenreichen Grase tändelten, und Kränze wanden. Die alte Matrone heiterte sich die Falten an dem Anblik der frohen harmlosen Gesichter aus; sie fühlte sich behaglich genug, endlich nach den Wünschen der Jungfrauen zu fragen, und ihnen Geschenke zu reichen.

Der einen gewährte sie blaue Augen statt brauner, der andern schwarze Lokken statt blonder; dieser nahm, jener gab sie einige Zoll Höhe; der jüngsten warf sie einen niedlichen Schleier zu, um damit zu nekken, der ältesten eine unverwelkliche Rose, um den Schleier zu heften. Aglae bat um einen schönen Mann, da stand er neben ihr; Zoe um einen reichen, er war da; Alme um einen klugen, er kam geflogen.

Nur

Nur Mirtis stand innig und verlegen
in sich geschmiegt, die schöne sanfte Augen
niederschlagend, und stumm; aber die Göttin
las in ihrem Innern. Wünscht Mirtis
nichts von mir? fragte sie mild.

Mirtis versezte mit süßer Stimme, die
Hand auf der Brust: Ich fühle meinen
Wunsch, er bewegt mächtig und hold meinen
Busen, aber ich finde keinen Namen für ihn.

Du wünschest ein Herz für das deinige,
sprach lächelnd die Göttin, und ihr heimlich
geliebter Leonidas schloß sie, zärtlich und be-
glükt in seine Arme.

7.

Die Taschenspieler.

Ein zweiter Filadelfia zeigte seine Künste,
und ein erstauntes Publikum verlies ihn nicht.
Der Wundermann! schrie alles, wenn er nur
erschien, und so oft seine Bühne eröffnet
war, drängten sich die Menschen in den Saal,
und die Thaler in seine Kasse.

Wie

Wie er eines Tages mitten unter seinen
Bewunderern handirte, trat plözlich ein Mann
mit feurigen Augen und gebogner Nase,
schwarzen krausen Haaren und senkrechter
Stirne, aus der Reihe der Zuschauer vor,
und rief: Kinderei alles das! Miß dich mit
mir, guter Freund, wenn du Muth hast; du
sollst andere Züge sehn.

Murmelnd wogte jezt die Menge um
beide, der alte Held nahm die Ausforderung
an, der neue gab ihm noch eine halbe Stunde zu. Filadelfia der Zweite übertraf sich
selbst, seine Künste ergriffen mit verjüng-
ter Kraft die Zuschauer, es gelang ihm, die
Erwartung der angekündigten Wunder des
Gegners durch seine wirkliche einzuschläfern.

Genug! ruft der Fremde wieder — die
Zeit ist um, und mein der Plaz! Damit
drükt er den Taschenspieler auf die Seite,
sich an seine Stelle, und den Haufen der
Neugierigen Kopf an Kopf: wie er seinen
Zauberspiegel herauszieht, um damit die Vorstellungen seiner Kunst zu eröffnen, bildet
sich alles in einem halben Kreis' um ihn her;
begierig sieht jeder hinein, niemand glaubt
sich

sich von der köstlichen Glasfläche trennen zu
können, denn je länger man sich bespiegelte,
um so besser gefiel man sich selbst.

Während die Menge auf diese Weise
unterhalten wird, bemerkt unser Fremder einen dikken Rechtsman: er winkt ihm. Be-
trachten Sie diesen Beutel, mein Herr, sagt
er, ist er nicht stattlich ausgestopft? und das
ist eitel Gold — ja! eitel Gold, mein Herr!
blasen Sie einmal darauf. Der Themispriester
bläst mit blinzenden Augen, ein Vorlegschloß
springt aus dem Beutel an seinen Mund,
und lautes Gelächter wiehert um ihn her.

Der Künstler winkt wieder: seine Diener stellen einen Tisch hin, und eine erklek-
liche Anzahl viel versprechender Flaschen auf
denselben; dann laden sie die Lusttragende
mit freundlichen Gebehrden ein. Wie rasch
eilt die Menge der Liebhaber dem reichen
Tische zu! wie begierig öffnen sie Hände und
Lippen! aber hilf Himmel! wie starren sie
zurük, als die Flaschen verschwinden, und
Degen, Pistolen und die übrigen Werkzeuge
der trunknen Schlägerei vor ihren getäuschten Augen liegen!

Herr!

Herr! ruft der Taschenspieler einem Beu-
telschneider, diese Börse wartet Ihrer. —
Hier nehmen Sie, halten Sie recht fest —
ja, recht fest! — Den hohlt mir niemand
wieder, versezt der Jünger der Industrie,
und ballt die Faust; aber — wie er sie später öffnet, findet er —— einen Strik.

'Der Fremde reicht einem jungen Krieger den Lorberkranz; mit dem stolzen Grün
mischt sich der Glanz köstlicher Steine: doch,
er will seine Schläfe damit bekrönen, und —
hält einen grinzenden Todtenkopf.

Sehn Sie, diesen Opferstok, ruft der
Zauberer; ein Scherflein für Wittwen und
Waisen! — Die Gaben fallen, der Opferstok
verschwindet, ein glühendes Kohlenbekken
trägt die Ehrenschüssel eines Schmauses.

Ein Venusgesichtchen erscheint in der
niedlichsten Fassung, und zieht alle Blikke auf
sich. Welche Anmuth! schreit unser Tausend-
künstler, welche Reize! diese Blikke entzün-
den, dies Lächeln fesselt, ein Engel! Wer
wünscht das Urbild zu besizzen? — Alle junge Herrn springen zu, einige Ehrenfeste folgen, und selbst ein Paar Alte hinken nach:
das

das Gemälde wird einem hoffnungsvollen
Jüngling mit blaſſem Antliz und hohlen Au=
gen zu Theile; allein wie hoffnungslos ſieht
er aus, da es ſich in ſeinen Händen zur —
Pillenſchachtel verwandelt!

Das Gelächter wälzt ſich noch durch den
Saal, als der Fremde einem hagern Alten
im geſtikten Ueberrok' naht. Lieber Mann,
ſpricht er, berühren Sie mir doch dieſen
Thaler. Der Thaler wird unter dem wun=
derthätigen Finger zum Goldſtükke: der Alte
zittert vor Freude, ſein Auge glänzt, und
haſtig fährt er nach dem Geld' in ſeiner Ta=
ſche. Ein Geſchenk für den Herrn Sohn,
fährt der Magier fort, der lachende Erbe
nimmt, das Goldſtük wird zum — rothen
Pfennig.

Halt! ruft der beſchämte Filadelfia, ich
bin überwunden! aber — Gott ſei bei uns!
ſchrie alles, und ſtürzte verwirrt zum Saale
hinaus. Leibhaft ſtand Herr Urian am Plazz'
des ſiegreichen Fremden. Gieb dich zufrieden,
ſagte er zu dem Kollegen, bin ich doch der
Altmeiſter der Taſchenſpieler!

8.

Alles und Nichts.

Das Kamäleon blähte sich hochmüthig, indem es bald auf die Erde, bald in's Wasser, bald gegen den Himmel sah. Da laufen und kriechen, hier schwimmen, dort fliegen sie; im Schweiße ihres Angesichts betreiben sie das bunte Wesen, und wähnen sich Meister, indem sie Sklaven sind. Ich, ich bin das vielseitige Eine, ich umfasse Alles. Die ganze Welt ist mein Reich, mir gebeut Nichts.

Ein Paar listige Affen hörten den stolzen Zwerg, und statt sich zu ärgern, faßten sie das Genie, stekten es in eine gläserne Vase, und dekten den durchsichtigen Kerker sorgfältig zu.

Der Gefangene sah nur zu bald schmachtend und bleich nach der ihm entzogenen Schöpfung; nahrungslos verlohr er Kräfte und Schimmer. Umfasse doch! riefen die

Affen spöttisch; zehre von den Schäzzen, welche du aus deinem All gesammelt hast!

Weh euch! ächzte das Kamäleon, ihr frevelt!

Am Weltengebieter! Unmöglich!

Weh mir! ich sterbe —

Als Nichts! riefen die Affen wieder.

9.

Der Instinkt.

Das Krokodil war eben beschäftigt, sein Ei in den heissen Sand zu verscharren. Trostlos kam die Henne zu dem schuppichten Riesen, und klagte: O ich arme, arme Mutter — man hat mir meine Kinder geraubt! Grosmächtige! du hast hier ein Ei! du wirfst es von dir! o gieb es mir!

Närrin! schnaubte das Krokodil, dieses ungeheure Ei dir, dem kleinen Insekte?

Gros ist die Mutterliebe in mir — gieb, o gieb!

Nur

Nur die Sonne ist werth, die Heldenbrut zu erwärmen —

Sie scheine mir nimmer, wenn ich nicht zärtlich für deinen Schaz sorge. O nimm mich zur Amme!

Das Krokodil sah ernst auf die flatternde Henne nieder. Es kömmt auf eine Probe an, sprach es endlich: die Schwäche der Natur huldige schon im Keim' der Stärke! — Wir — haben mehr zu thun als zu brüten!

10.

Der Seidewurm.

Einst hatte sich ein Seidewurm, man weis nicht wie, in die Gesellschaft gewöhnlicher Raupen verirrt: die Zeit des Einspinnens kam heran, eine um die andere zog Fäden, der Seidewurm verhielt sich noch ruhig.

Willst du nicht von uns lernen, deine Bestimmung erfüllen, gutes Brüderchen? fragte ihn eine altkluge, vorlaute Raupe.

Der

Der edle Seidespinner ahnete zwar nur
dunkel, daß sein Werk das vollkommenere
sei; aber er ahnete es doch, dankte höflich,
und verhielt sich nach wie vor ruhig, der
Erfüllung mit stillem, noch verschleiertem
Bewußtsein wartend.

Die Raupen zogen ihre Fäden fort,
schon waren einige ganz eingesponnen, eini=
ge halb, einige zum vierten Theile, alle
übrige aber in Vorbereitungen geschäftig.
Scheel blikten sie den Seidewurm an, und
murrten: der Ungelehrige! der Träge! der
faule Sonderling!

Laß' dich doch belehren! bat die Altkluge
wieder.

„Ihr sollt mich nichts lehren!" rief
er — „selber will ich es aus mir entspin=
„nen, oder ewig darben." *)

---

*) Die Söhne des Thales. II. Theil. S. 267.

II.

Die Enkel.

—————

Der Scheerenschleifer. Mein Grosvater war ein berühmter General.

Der Schuhmacher. Der meinige der gröseste Tanzmeister seiner Zeit.

Der Schulmeister. Der meinige bewohnte Palläste und war Minister.

Der Zukkerbekker. Der meinige baute sie, und war seines Zeitalters Stolz.

Der Landmann. Und ich — hatte zum Grosvater einen Fürsten.

Der Fremdling. Eine treffliche Gallerie, ihr Herrn! (Ergreift das Glas) Angestosen! die Grosväter sollen leben!

Alle. Sie leben!

Fremdling. Im Nachruhme! (Sein Glas niedersezzend) Aber nun — wie gieng es mit den Vätern?

Scheerenschleifer. Mein Grosvater starb, reich an Wunden, an Vermögen arm: die Belohnungen des Staates waren erschöpft,

für

für ihn blieb nichts übrig, mein Vater fühlte den Beruf des Blutes, und wurde wenigstens ein — Waffenschmidt.

Schuhmacher. Das Geld, welches mein Grosvater reichlich ertanzte, war noch behender als seine Füse; er überlebte seinen Reichthum, und mein Vater vertauschte die schöne Kunst mit dem Strumpfwirkerstuhle.

Schulmeister. Der Minister fiel in Ungnade, und sein Glanz von ihm ab; der Sohn beschloß, selbst Fürst zu werden, und starb als — entlassener Beamter.

Zukkerbekker. Palläste hatte mein Grosvater gebaut, und man war ihm die Hälfte seiner Rechnungen schuldig geblieben; da verlegte sich mein Vater auf Bürger- und Bauernhäuser, und starb wolhabend.

Der Landmann. Bei meiner Grosmutter lernte der Fürst sich fröhlich erinnern, daß er Mensch sei: sie war ein niedliches Dorfmädchen. Aus Dankbarkeit kaufte er ihr ein artiges Bauergut, aus Klugheit behielt sie meinen Vater bei sich; er wurde Erbe ihres jungfräulichen Namens, ihres Gutes, und Schulze.

Fremd-

Fremdling (vergnügt). Läßt sich hören!
Auch die Väter sollen leben, ihr Herrn!

Alle (thun ihm Bescheid). Sie leben!

Fremdling. In dem gesunden Menschenverstande!— Doch, warum seh' ich jezt
die Enkel gerade so vor mir?

Scheerenschleifer. Vater Waffenschmidt wurde im Kriege als verdächtig eingezogen, mishandelt, erschossen. Ist er vom
Kommandostab zum Ambos herabgestiegen,
dachte ich, so ist mein Weg zum Schleifrade
noch weit kürzer, und viel ruhiger mein Dasein. Ich finde mich zufrieden; nur für weiche Weiberhändchen, furchtsame Schneidershände, gelehrte Dintenfinger, und politische
Bartkrazzer arbeite ich jezt, und bin ein
freierer Mann unter Gottes freiem Himmel,
als mein Grosvater mit dem Stern auf der
Brust unter'm Zelthimmel war.

Fremdling. Ein schleifender Pangloß!

Schuhmacher. Das seidne Gewebe
nährte den Sohn des Tanzmeisters nur
schlecht — er war und blieb Fabrikarbeiter,
das heißt, der hungrige Sklave eines reichen
Unternehmers— Seine Klagen rührten mein
Herz,

Herz, bestimmten meinen Verstand; hülle die vornehmthuenden Beine ein, wer da will, dacht' ich, und machte mich an den Bauern des Körpers, den Fus. Ich befand mich wol dabei.

Fremdling. Ein filosofischer Hans Sachs!

Schulmeister. Mein Grosvater - Minister starb als Bettler, weil er es zu gut mit dem Staate — mein Vater - Amtmann starb eben so, weil er es zu gut mit sich selbst gemeint hatte. Das Regieren stekte einmal in der Familie, wie das Armwerden — ei! dachte ich, ich will Kinder regieren; die mir gehorchen müssen, und arm bleiben, damit ich es nicht werden kann: auch bin ich bis jezt weder in Ungnade gefallen, noch kassirt worden.

Fremdling. O! ein Schulmeister ist eine heilige —

Schulmeister. Sache! ja, denn sie ist erbarmungswerth.

Fremdling. Mehr als Dionis!

Zukkerbekker. Mein Vater stellte den Wolstand seiner Familie her, mein Grosva-

ter

ter hatte für ihren Glanz gesorgt: ich entschloß mich, beides zu vereinigen. Dieser baute Palläste aus Marmor, jener Häuser aus Mauersteinen, ich verfertige Aufsäzze aus Zukker: da schmilzt etwas Wesentliches auch aus der zerstöhrten Kunst, und hab' ich gleich keinen grosen Nachruhm zu hoffen, so bin ich doch auf aller Menschen Zungen, so lang' ich lebe.

Fremdling. Süse Lebensweisheit!

Landmann. Mein gnädigster Grosvater lobte meinen vielgeachten Vater, daß er sich nicht weiter, als zum Schulzen versteigen wollte: ich erbte von diesem seinen Hof, und die Lehre, auch nicht einmal Schulz zu werden. Jenen baute ich wakker, und bin reich; diese erfüllte ich treu, und bin ruhig.

Fremdling. Abdolonimus in der zweiten Generazion! Frisch, ihr Herrn! angestosen! die Enkel sollen auch leben!

Alle. Das gebe Gott! denn wir befinden uns wol!

Fremdling. Lebt noch recht lange wol! (Er will fort.)

Alle. Halt!

Schee-

Scheerenschleifer. Wir wollen auch Ihre Gesundheit trinken.

Schuhmacher. Und Ihren Grosvater kennen lernen —

Schulmeister. Ihren Vater!

Zukkerbekker. Sie!

Landmann. Korn um Korn!

Fremdling. Es sei!

Alle. Dank! Dank!

Fremdling (sezt sich wieder). Mein Grosvater stieg von der Geburt eines ehrlichen Landmannes zu dem Laden eines Gewürzkrämers, von da zu dem Komptoir eines reichen Wechslers, von da zur Theilnahme an einem grosen Handelshause, von da zum Besizze von Millionen auf. Was er erworben hatte, behauptete er: er starb reich, geehrt, geadelt.

Alle (kopfschüttelnd). Er lebe!

Fremdling (nach einer Pause). Mein Vater wiedmete sich früh den Geschäften, diente lang' und glüklich, vermehrte den ererbten Reichthum mit neuen Millionen, erwarb Land und Leute, und starb ohne in Ungnade gefallen oder kassirt zu sein.

Alle (kopfschüttelnd). Er lebe!

Fremd=

Fremdling. Ich bedachte, daß nicht jeder forterwerbende Millionär so glücklich erhält, als mein Grosvater; daß nicht jeder ergrauende Geschäftsmann bis zulezt fest steht, wie mein Vater: so wurde ich dann weder Kaufmann, noch Minister, aber— —

Alle (laut). Sie sollen leben! Sie kluger braver Mann!.

Fremdling. Aber — —

Alle. Nun?

Fremdling. Auf Lebenszeit euer Nachbar.

Alle. Wie! wo?

Fremdling. Dort oben!

Alle. Unser Fürst! (Fahren durcheinander.)

Fremdling. Seid ruhig, Kinder, ich bin ein kleiner und neuer Fürst, aber ein groser Freund der Wahrheit, und ein alter Mensch. Gestern kam ich an, heute dank' ich euch eine frohe Stunde, morgen seid ihr meine Gäste. Wir wollen die Gesundheiten der Grosväter und Väter trinken, und unsere Kinder sollen einst auch die unsrige heitern Muthes trinken können.

Alle. Vivat hoch!

————

12. Der

12.

Der Wasserfall.

———

In flüssigem Silber stürzte der Bach von Fels zu Fels; gewaltsam schäumten die zerschellte Wogen aus dem umgrünten Abgrund' empor. Ein naseweiser Frosch hüpfte hoch oben am Ausflusse des Baches, und freute sich des Geräusches. Ich mus die Natur belauschen, rief er, sprang lustig in die Fluth, und kam zertrümmert unten an.

13.

Der neue Tiresias.

———

Palämon gieng in tiefen Gedanken über Menschenwol und Menschenbestimmung durch den Hain. Mann? sagte er bei sich selbst, Weib? Wer von beiden ist mehr für das andere geschaffen? Ich lebte nur für Aldane; je zärtlicher sie erwiederte, um so inniger

liebte

liebte ich sie; aber ihre Zärtlichkeit ver=
schwand nur zu schnell, und ich bin ver=
lassen. O! die Männer lieben allein
wahr!

Bei diesen Worten verscheuchte er un=
willkührlich durch einen Seitenschritt ein lie=
bendes Paar Nachtigallen; Sie von der
theuern Brut, Ihn vom holden Gesange;
und im Nu fand sich der blühende junge
Palämon in ein blühendes junges Mädchen
verwandelt.

Aber Palämon hatte dasselbe Herz be=
halten. Melites, des Jünglings Freund,
wurde der Geliebte der Hirtin; und je zärt=
licher Melites sie liebte, desto inniger erwie=
derte sie; aber auch seine Zärtlichkeit ver=
schwand nur zu schnell, und sie fand sich
verlassen.

In wehmüthigem Kummer wandelte Pa=
lämone nach einem Jahre durch denselben
Hain. Weib? Mann? sagte sie; beide sind
für einander geschaffen, gleich ist Maas und
Glük, Geben und Nehmen des Herzens
gleich; aber eines reinen, festen Herzens
bedürfen beide dazu.

Sie

Sie trat auf denselben Plaz, wo sie ein
Jahr zuvor das Nachtigallenpaar aufge=
scheucht hatte: auch jezt flatterte es wieder
vom Neste und vom Gesang' empor, und
Palämon sah erfreut von ihnen auf seine
wieder erhaltene Jünglingsgestalt.

Nach einiger Zeit wählten Venus und
Mars ihn zum Richter; jede der Gottheiten
behauptete ausschlieslich für ihr Geschlecht
den Vorzug treuer Zärtlichkeit, und forderte
von dem Kenner Palämon aufrichtige Ent=
scheidung.

Des Herzens Eigenthum ist Liebe und
Treue, sprach innig bewegt Palämon, und
ein Herz hat jedes Geschlecht! werth sei
eines des andern, vorwurfsfrei seien
beide!

Mars wollte dem Jüngling die Zunge
nehmen, wie einst Juno seinem ältern Na=
mensverwandten die Augen nahm: aber Venus
umgab den edlen Seher mit einer dichten Wol=
ke, und entrükte ihn nach Zithere, wo er
Liebe fand, und auch Treue.

————

14. Unter=

14.

Unterhandlung.

Die Geschichte. Betrüger!

Der Roman. Leichtgläubige!

Geschichte. Kind der Einbildung!

Roman. Kind des Zufalles!

Geschichte. Du bettelst oder stiehlst bei mir.

Roman. Von mir hast du deinen — Schmuk.

Geschichte. Du machst die Fantasie krank!

Roman. Und du tödtest das Herz.

Geschichte. Den Verstand erstikst du.

Roman. Dem Willen giebst du Gift.

Geschichte. Wer mich verstehn lernt, wird gut und klug.

Roman. Wer mich nicht misversteht, wird weder schlimm, noch närrisch. Laß' uns einig sein, Stiefschwesterchen!

Geschichte. Ich! deine Schwester! Was träumst du?

Roman.

Roman. Um so besser! so werde —
meine Frau: wir wurden doch einmal mit
dem Menschen, und für einander gebohren.

15.

Fragen und Gegenfragen.

Der Oberschenk. Ach schöne, gnädige Frau!

Die Dame. Guten Morgen, alter
Herr!

Oberschenk. Wie reizend Sie sind!

Dame. Was macht Ihr — Husten?

Oberschenk. Die sanfte weiße, weiche
Hand!

Dame. Und — das Podagra?

Oberschenk. Die kann nur einem
eben so sanften, weichen, weisen Herzen angehören.

Dame. Hören Sie auch wieder auf
dem rechten Ohre?

Oberschenk. Holdes, süßes Weib!

Dame.

Dame. Sie lassen Ihren Stok fallen, und werden gleich neben ihm liegen.

Oberschenk. Nein — knien mus — will ich —

Dame. Haben Sie wieder Ihre Gicht-schmerzen?

Oberschenk (knieno). Wann, o wann erhören Sie mein Flehen, Sie reizender, graufamer — Engel?

Dame (lächelnd). Wo sagten Sie mir doch, guter Oberschenk, daß Ihr prächtiges Familienbegräbnis sei?

16.

Der Beruf.

Die Wetterfahne gelangte durch irgend einen Wurf aus der grosen Pandorabüchse des Zu-falles zu der unverhofften Ehre, auf dem Schlachtfelde mit zu erscheinen. Ein plöz-licher Ueberfall hatte den Trupp, an dessen Spizze sie statt einer regelmäßigen Standarte prangte, auseinander geworfen, und sie lag nun

nun verlaſſen und in den Staub getreten.
Menſchlichkeit und Neugier führten die benachbarte Dorfſchaften auf den Schauplaz
des Kampfes, wie nur erſt der Donner des
Geſchüzzes verſtummt, und Freund und Feind
von dannen gezogen war. Ohne die ver-
waiſte zu erkennen, gieng der Dachdekker aus
ihrer Heimath nahe genug bei ihr vorüber,
daß ſie ihn anreden konnte. Mein zweiter
Vater, rief ſie kläglich, o nimm mich weg
von hier, und ſezze mich wieder auf meine
Thurmſpizze.

Der Dachdekker ſtuzte. — Nein! du biſt
meine Tochter nicht, und willſt mich nur
zum Beſten haben, ſagte er nach einer kleinen Pauſe, indem er weiter gieng — eine
ächte Wetterfahne knarrt wol im Ungewitter, aber ſie wagt ſich nicht von der
Stelle.

17.

Der Bärenführer.

Ein junger Pohle von Sinn fand sich in der traurigen Lage, arme Eltern durch das Herumschleppen einer Bärengesellschaft ernähren zu müssen. Wer einmal in seinem Leben Bären oder einen Menschen von ächterm Sinne gesehen hat, wird sich das harte Loos des Mannes vorstellen können.

Auf einsamer Fahrt durch weite Wälder brechen die Tanzbären, längst heimlich verschworen, ihre Ketten, drohen dem Führer, ihn zu fressen, und begnügen sich, da er nicht erschrikt, ihn mit sich zu nehmen, und zum Bärenleben zu verurtheilen. Er mus mit ihnen in Hölen kauern, auf Vieren laufen, die Sprache verlernen, und das Brüllen sich geläufig machen. Nach und nach gelingt es ihm auch, ein ganz erträglicher Bär zu werden, und — o Wunder! zufriedner als vorher, war er in diesem Zustande.

Nach

Nach Jahren finden und befreien ihn
Freunde; sie fangen auch die rebellische Bären wieder, und stellen ihm sein ganzes vori-
ges Regiment her, indem sie ihn beklagen
und trösten.

Laßt mich, ruft er schmerzlich aus, laßt
mich, ihr Guten! bei Gott! es ist leichter
und angenehmer, ein Bär mit den Bären
zu seyn, als ein Mensch, der Bären führen
mus!

18.

Klage und Trost.

Der Müßiggänger. Ach! und zulezt,
wenn man recht viel gelitten hat —

Der Mann. An Verdauung oder an
Schlaflosigkeit —

Müßiggänger. Wenn man der ewig
gereizten, gekränkten Empfindung erliegt —

Mann. An der Seelenleere moralisch
stirbt —

Müsig-

Müsiggänger. So sieht man erst mit bindelosem Auge, daß man in den Tag hineinleben mus —

Mann. So wirft man, des Vorwandes müde, diesen weg, behält aber, sich ihrer nicht schämend, die Sache —

Müsiggänger. Daß man wol thut, vieles zu vergessen —

Mann. Und glüklich wäre, alles vergessen zu können.

Müsiggänger. Daß das Leben nicht mehr werth ist, als weggewischt zu werden, wie es Tagweise verfliest —

Mann. Manches Leben ist nicht einmal werth, zu verfliesen.

Müsiggänger. Herr! Sie werden mich aufbringen —

Mann. Wollte Gott! Ich wäre dann Ihr Wolthäter.

Müsiggänger. Wie!

Mann. Ich gäbe Ihnen — zu thun.

---

19. Ohn-

19.

Ohngefähr.

Der Elefant hatte einen schweren Kampf
mit mehreren Löwen bestanden; siegreich,
obwol verwundet, kehrte er in die Heimath
wieder, und alle Freunde und Nachbarn eil=
ten glükwünschend und preisjubelnd herbei.
Unmittelbar folgte ihm der Affe, welcher sich
selbst mit Lorbern gekränzt hatte, und laut
rief: Ich habe die Jäger in die Flucht ge=
schlagen; seht einen Helden in mir.

Freunde! sprach der Elefant lächelnd,
lobt das Ohngefähr diesesmal, nicht mich:
vielleicht erlag ich in dem furchtbaren, un=
gleichen Kampfe, wenn nicht der Zufall einen
Hahn herbeiführte, dessen plözliches Krähen
die Feinde verscheuchte; ihm dank' ich Ret=
tung und Sieg.

Die Bescheidenheit des Elefanten erhöh=
te des Affen Stolz. Gravitätisch stieg er
umher, und ärndtete Lobeserhebungen mit
durstig = hochmüthiger Mine ein. Selbst
der

der Elefant bezeigte ihm den Beifall, welchen der Tapfere gern der tapfern That ge-
währt, hätte sie sogar ein Affe vollbracht.

Laßt euch nichts vorspiegeln, rief die
geschwäzzige Elster, indem sie keuchend vor
Begierde zu plaudern, heranflog, und sich
auf dem nächsten Baum' niederlies: die fliehende Löwen sezten die Jäger in Schrekken,
sie liefen, was nur ihre Füse vermochten,
und der schon gefangene Affe kam los: so
erklärt sich denn sein Sieg ganz leicht.

Die Schaar der Lobredner brach in lautes Gelächter aus, der beschämte Affe schlug
einen Purzelbaum der Verzweiflung, mit
schadenfroher Wonne sah Base Elster um sich,
und gutmüthig sprach der Elefant zu dem ent-
lorberten Helden: Komm, Freund, wir wollen uns zusammen bei unserm gemeinschaft-
lichen Wolthäter dem Hahn, bedanken. Ehre,
wem Ehre gebührt!

***

20.

Die Weltköniginnen.

Das Glük schwebte langsam, und im Hoch-
gefühle seiner Macht über der Erde. Ich
bin die Königin der Welt, sagte die strahlende Göttin; dieses Füllhorn — sie schüttelte es, und lauter Jubel schallte empor —
enthält alle Wonnen, und diese Geisel — sie
schwang sie, und lautes Angstgeschrei ertönte
unten — vertheilt alle Peinen; mir ist Alles
zinsbar, und nur mir.

In demselben Augenblikke vernahm sie
ein leises Gelächter auf ihrer — rechten Ach-
sel. Sie warf den erstaunten Blik auf eine
keine niedliche Gestalt, mit Schmetterlings-
flügeln, und einem Gewande, das alle Farben des Regenbogens schillerte: in der zier-
lichen Hand hielt sie den magischen Lilien-
stengel, und um den weissen Hals hieng das
Zauberhorn Oberons; die blizzende Augen
sprachen Schalkhaftigkeit, und der rosige
Mund schmollte sauer-süs.

Wer

Wer bist du? rief Fortuna.

Deine Freundinn, und — Theilhaberin deiner Macht.

Bist du nicht etwa die — Laune? fiel die stolze Fortuna spöttelnd ein.

Ja, Weltkönigin mit dir, und erlaube nur — zuweilen Königin auch über dich.

Mit Gunst, sprach eine dritte Dame mit den hundert Augen des Argus und dem Schleier der Iris, ich gehöre auch zu dem Dreibunde; ich bin — die Meinung.

21.

Nachwehen.

Ein kleines Versehen nur! allergnädigster Herr, sagte der Fuchs mit der geschmeidigsten Miene von der Welt.

Das gebe der Himmel! versezte der Löwe; aber, aber —

Ob nun, tröstete der Fuchs, ob nun so eine alte Henne mehr oder weniger vorhanden ist! Der Iltis hat doch immer brav gedient,

dient, und ihr nur im Amtseifer die Kehle — ein wenig verletzt. Sie kommt wol wieder auf.

Der Löwe hörte zu, und schien zu glauben; aber er glaubte nicht, und war auch nicht ruhig. Heimlich gieng er, nur von dem getreuen Hund' begleitet, an Ort und Stelle. Schon von weitem nahm er die klagende Schaar der Hühner wahr; er sandte den redlichen Begleiter auf Kundschaft, und dieser brachte die ungeschminkte Wahrheit zurük, daß nicht ein altes Huhn, sondern das Familienhaupt, der wakere Hahn dem Amtseifer des Iltis zum Opfer geworden, und daß er nicht nur verwundet, sondern wirklich todt sei.

Grimmig gieng der Löwe umher, und grollte mit sich selbst. — Unverzeihlich! rief er halbbrüllend aus — ich hätte den Iltis kennen sollen! Schon recht, daß ich alles genau untersuchen lasse; es ist eine schöne Sache um die Statistik: aber den Iltis kann man, wenn doch seine Geschmeidigkeit ein so grofes Verdienst ist, in die Hamster = und Fuchshöhlen senden, nur nicht zu den Hühnern.

nern. Unverzeihlich! brummte er noch einmal, und schritt langsam mit dem treuen
Hunde heimwärts.

———

Noch an demselben Abend ließ er den
Fuchs kommen. Bösewicht! rief er ihm zu,
die Mähne des Erzürnten sträubte, sein
Schweif ringelte sich, daß der Geheimerath
erbebte — warum hast du mich zu der schlech-
ten Auswahl verleitet, und das geschehene
Unglük umlogen? Verantworte dich, oder —

Der Fuchs erhielt kümmerlich genug seine Fassung, aber er erhielt sie, und winkte.
Die Wache brachte den Iltis in Banden
herein, und legte ihn vor den erzürnten Regenten. Winselnd bat der Verbrecher um
Gnade, mit Thränen warf sich der Fuchs
neben ihm nieder, und sprach flehend: Herr!
vergieb dem Eifer des Dieners, der Hahn
widersezte sich, aus Eifersucht vermuthlich —
du weißt, das ist sein Fehler — der Zäh-
lung seiner Hühner. Umsonst waren die Vorstellungen deines treugehorsamsten Kommis-
sars, des Iltis; der Missethäter vergas sich

so weit, auf Tod und Leben mit ihm anzu-
binden, und nur Nothwehr —

Warum aber die Lüge? brüllte der Löwe.

Ich selbst wurde bei der ersten Meldung
hintergangen — ein Irrthum, der leicht Statt
haben konnte — Ich eilte dann nur, um dir
zu berichten — Auch hier fehlte lediglich
Diensteifer —

Etwas weniger Eifer, und mehr
Klugheit wäre besser! sagte ernst der grosen-
theils besänftigte Löwe, begnadigte den Ge-
fangenen, und entlies beide Angstgefährten
mit einem derben Verweise.

So arg war es nun wol nicht mit dem
Eifer! schmunzelte der Fuchs vor der Thüre;
desto besser fand sich die Klugheit bestellt.
O diese Löwen sehen und wollen, fühlen und
handeln nur in der Kraft des Ganzen, und
wir Füchse bemunkeln sie im Kleinen. Am
Ende wird doch auch ein Ganzes daraus.

————

Der redliche Hund konnte sich mit dem
Ausgange der Sache nicht beruhigen; seine
nachdenkende Miene fiel zuerst dem Löwen
auf,

auf; und, wie dieser sich selbst vielleicht einige nähere Rechenschaft über ihre Ursache gegeben hatte, so misfiel sie ihm. Der Hund
dachte daran nicht, denn er sann eben über
die Wahrheit.

Was hast du? herrschte ihn der Löwe
an. Du weißt, daß ich die verdrüßliche
Gesichter nicht leiden kann!

Herr! sprach der Hund, der gewürgte
Hahn machte gewiß ein schmerzliches, als
ihn der Iltis —

Ich will nichts mehr von der fatalen
Geschichte hören!

Auch — die Hühner, die arme, ver-
wittwete Hühner nicht?

Nein! sie sollen einen Jahrgehalt von
zehn Wispel Waiz haben, und können zufrieden sein.

Aber — erlaube mir Herr, erwiederte
der Hund bescheiden = nachbrüklich — den
Gatten, den Freund, den Versorger —

Diensteifer mus sein! darf nicht nieder-
geschlagen werden — der Hahn fiel als
Staatsopfer —

Wer wird ihnen den ersezzen?

Der

Der Löwe maß den Hund mit funkelnden Augen. — Fort mit dir! brüllte er, des
Hofmeisters bedarf ich nicht; du mißbrauchst
mein Vertrauen zur Herrschsucht — geh' und
lasse dich nicht wieder blikken.

———

Fuchs und Iltis erfuhren gleich, was
vorgegangen war, denn sie belohnten die
Kundschafter, welche ihr Hund verschmähte.
Gros war ihr Behagen, ihr Jubel unge-
mein. Sie schlichen hinaus auf den Weg,
den der Verwiesene nehmen mußte. Dort
nahte ihm der Fuchs im ungewissen Mond-
licht; trauernd mit Gebehrde und Ton beklag-
te er Misgeschik und Verlust, und trabte be-
dauernd dem Wanderer nach, der seiner gar
nicht achtete. Plözlich fuhr aus dem nächsten
Busche der Iltis; unter dem Hunde durch-
schleichend, versezte er ihm einen scharfen,
doch nur flüchtigen Biß, und floh. Auch
der Fuchs wollte fliehen, aber der Beleidig-
te hatte ihn schon unter den starken Füsen.
Dir, rief er, sollt' ich die Wunde ver-
gelten! doch — Schurkenblut entable meine
Zähne

Zähne nicht. Hinweg mit dir, Elender!
zum Denkzeichen verliehre das Werkzeug deiner wedelnden Heuchelei!

Damit ließ er den Fuchs los; aber heulend hinkte der Gezeichnete der Heimath zu,
indeß der Hund den zottichten Schweif mit
sich nahm.

22.
Ahnung.

Poesie. Hinweg, du Kleine, mache
Platz —

Prose. Du missest deine Schritte so
feierlich ab, daß —

Poesie. Du in ein heiliges, ehrfurchts-
volles Erstaunen geräthst?

Prose. Daß man voraussezzen könnte,
du würdest am gehörigen Flekke eintreffen,
ohne jemanden anzustosen.

Poesie. Mein Schritt ist feierlich,
aber ich bin begeistert.

Prose. Hast du noch Ruhe genug, um
das zu sagen?

Poesie.

Poesie. Ja! dir nüchternen Seele! sonst bemerkst du nichts.

Prose. Nüchterne Seelen mit süßem Zauberrausche zu ergreifen, das ist ja der hohen Dichtung Bestimmung!

Poesie. Doch schadet Vorbereitung nicht.

Prose. Bereiten die schaffende Götter auch vor?

Poesie. Schwäzzerin! du verstehst es nicht —

Prose. Verständlichkeit ist mein Loos; das deine hoher Schwung —

Poesie. Willst du mich belehren?

Prose. Rechenschaft will ich dir und mir in schlichter Einfalt von meiner Ueberzeugung geben.

Poesie. Ah, wenn das ist!

Prose. Und dich zur Rechenschaft fordern, ob du Gebieterin oder Zofe bist?

Poesie. Frevlerin!

Prose. Ich denke, ich ahne, du nüchtern Begeisterte bist nur die Verskunst, und hast deiner Göttin nach Kammermädchenweise Namen und Kleid gestohlen, um auf den Ball zu gehn.

————

23. Die

23.

Die Freiwerberin.

Die Matrone. Unausstehlich = Unempfindlicher!

Der Jüngling. Die ächte Liebe kennt mich besser.

Matrone. Wo hohlen Sie sich das Zeugnis?

Jüngling. In meinem Herzen.

Matrone. Und gäbe es sonst keine Herzen hier?

Jüngling. Nicht jeder, der vor einem Altar kniet, betet wahrhaft.

Matrone. Ideal=Jäger!

Jüngling. Was ich wünsche, kann ich finden, aber nicht erjagen.

Matrone. Wer Geister glaubt, sieht sie.

Jüngling. Wer Engel glaubt, flieht — Teufelchen.

Matrone. Was wünschen Sie denn, mein spröder Herr?

Jüngling. Auf der offenen Stirne
das Diplom der Unschuld —

Matrone. Ohne Urkunde kein Glaube?

Jüngling. Im sanften Blikke, in holder Einfachheit die Proben der Naturmäsigkeit —

Matrone. Idillensinn!

Jüngling. In edler Gestalt, im würdevollen Anstand die Bürgen des edlen Geistes —

Matrone. Wir haben treffliche alte Diplome, stiftmäsige Stammbäume, und geschikte Schneider.

Jüngling. Volle reiche Lokken —

Matrone. Unsere Perükken kommen gerade aus Paris.

Jüngling. Schön gewölbte Augenbraunen, frische Lippen, Rosen auf blühenden Wangen.

Matrone. Madam Agneau hat köstliche Schminken.

Jüngling. Schöne, jugendliche Formen —

Matrone. Mamsell Laborde arbeitet sehr richtig.

Jüng-

Jüngling. Und vor allem — vor allem ein Herz, das fühlt und erwiedert!

Matrone. Alltagsding!

Jüngling. Einen Geist, der versteht, empfängt, mittheilt —

Matrone. Wir lesen die neuesten Romane —

Jüngling. Wünsche, die mit ihren Pflichten, mit ihrem Vermögen bestehn.

Matrone. Wir sind Filosofinnen.

Jüngling. Gesprächigkeit ohne Geplauder, das Talent zu schweigen, Unwissenheit in der Kunst böser Zungen, Wißbegierde ohne Neugier —

Matrone. O haben Sie noch nicht bemerkt, wie still es an unsern Spieltischen zugeht, und von welcher Wißbegierde die Unterhaltung belebt wird, wenn die Karten ruhen?

Jüngling. Mit einem Worte, ein reines, herzliches, geistvolles, edles Wesen — unverdorben, unverschoben, hold unter Männern, ohne gefallsüchtig, freundlich unter Weibern, ohne hingebend zu sein, und — im Stande, dreimal an einem Spiegel

gel vorüber zu gehn, ohne hinein zu
sehn.

 Matrone. Wir sind ja ganz einig.

 Jüngling. Wie sehr erfreut mich das—

 Matrone. Sehn Sie dies Gemälde—

 Jüngling. Wo?

 Matrone. Sie schließen Ihre Augen!

 Jüngling. Erst das Urbild, dann die
Kopie! erst das Wesen, dann die Farben!

24.

Der Satellit.

Ich habe es nun nach gerade satt, immer
um und neben dir zu traben, sagte der
Satellit zu seinem Planeten; ich will einmal
selbstständig werden.

 Daran thust du sehr wol!, wenn du kannst,
versetzte dieser mit allem Flegma eines son-
nenbeschienenen Körpers.

 Jupiter! schrie der lüsterne Satellit zum
hohen Himmel hinauf, mache mich frei von
mei=

meinen Banden, und gieb mir, ein eignes Dasein!

Aber Jupiter schwieg, der Planet lachte, und der Satellit schimpfte. Plözlich donnerte furchtbares Krachen durch die weiten Himmelsräume, glühende Trümmer fuhren hernieder, der Schimpfende schwieg und schmiegte sich. Hilf grofer Jupiter! schrie er eben so laut, aber minder muthig, als vorher — was ist das?

Ein Satellit, fiel der flegmatische Planet ein, der sich von seinen Fesseln losgerungen, und Selbstständigkeit erobert hat.

Aber dieses Getöse, diese Trümmer!

Wer viel gewinnen will, mus etwas verliehren.

Etwas! mag's immerhin! Aber wer sagt mir, daß ich nicht ganz dabei zu Grund' gehe?

Niemand sagt dir das, darum schwieg auch Jupiter vorhin; aber genialische Kraft fragt nicht darnach: in ihr drängt sich's zum Wirken, sie wirkt. — Bleibe du, wer du bist, fragender und zweifelnder —— Sklave!

———

25. Das

25.

Das gute Gemüth.

———

Lieber Herr! so kann ich wahrlich nicht ver-
standen werden!

Ich verstehe dich so, mein wol bekann-
ter — Klügling.

O nein! o nein! es war ganz anders
gemeint!

Ich habe meinen Sinn von der Sache,
und verlange Genugthuung.

Wenn meine Betheuerungen nichts ver-
fangen —

Gar nichts!

Wenn deine Ueberzeugung von meiner
aufrichtigen, grenzenlosen Hochschäzzung für
dich so schwach ist.

Ausserordentlich schwach!

Wenn ich unglüklich genug war, zu——

Das dein leztes Wenn! Heraus in's
Blachfeld; wir wollen doch sehn, ob deine
spizze Nase oder mein harter Huf Meister
bleibt!

Der

Der Fuchs sah das Roß wehmüthig an,
ein Paar Thränen quollen auf hohen Befehl
aus den Schelmenaugen, und er seufzte tief.
So soll denn Blut fließen! Blut um ein
Misverständnis! ich armer geschlagner Fuchs!
Meine Kinder, meine Frau, meine liebe An-
gehörige, meine Freunde! Ach du guter Himmel, theure Pflichten — süße, heilige Pflichten — ist denn gar kein andres Mittel, edles, treffliches, hochgesinntes Roß? ich bitte
dich unterthänig, gar kein ander Mittel?
Sieh — ich bin brav, o! an Muthe fehlt es
mir gar nicht — ich habe gegen die Ratten
kommandiren helfen, und half sie tüchtig —
verfolgen, wie das Treffen gewonnen war —
aber damals, damals aber — sieh, ich kom-
mandirte — und dann! — es war für's Vaterland — aber ein Zweikampf! — bedenke
doch — die Gesezze, die Moral —

Das Roß hatte ihn lange vor Endigung
seiner Rede spöttelnd mit den Augen gemes-
sen, und warf ihm nun einen Blik zu, der
so verächtlich war, daß der Fuchs zu den
schönsten Hoffnungen wieder auflebte. Er
wollte sich eben in Dankworte ergießen, da
ihm

ihm der Hengst befahl, sich niederzuknien. Schnell lag er auf den Vorderfüsen, als hätte er noch so fleisig in seinem Leben gebetet.

Küsse mir den Huf, gebot das Roß.

Er küßte ihn wie das schönste Pfötchen einer Füchsin.

Sprich, schloß der Hengst — sprich: Ich bitte dich um Vergebung, daß du mich misverstanden hast.

Der Fuchs sprach und schrie vor Wonne laut auf; zürnend wieherte das Roß, und verließ die Wohnung des Feigen mit einem wilden Sazze.

Laufe nur, schmunzelte der Fuchs ihm spöttisch nachsehend — Ich hab' ein gutes Gemüthe: mit mir zerfällt nicht jeder, der gerne will!

———

26. Jupi-

26.

Jupiters Schule.

———

Zevs rollte die Augen, die scharfen Blizze
zukten in seinen Händen. Wie! rief er,
Amor wagt den Frevel, und bändigt, und
beseeligt Menschenherzen durch den liebevol=
len Glauben! Wie! der kekke Knabe denkt
den hohen Weltenszepter aus meiner Hand in
die seinige zu tändeln! Sie hören da unten
auf, anbetend zu zittern, und lieben, hoffen,
glauben! Die Säulen des Olimps sollten
der Senne seines Bogens weichen! Nein,
eh' das geschieht, eh' ich, der Götter und
Menschen Herr, das zugebe, eh' kehre wild
zerstöhrend das alte Kaos wieder!

So zürnte Zevs, und seine Blikke glüh=
ten nach Amors Mutter hin. Sie lächelte
sanft und ruhig, und flüsterte mächtig und
mild: Viel süßer ist das Beben der Liebe,
als jenes der Furcht: die Macht des Don=
nergottes kennt nicht den hohen Zauber, wel=
cher Herz an Herz durch Glauben und lieben=

des

des Vertrauen auf ewig fesselnd verknüpft.
O lege die Blizze nieder, und lerne Liebe
zu meinen Füßen.

Der ernste Jupiter betroffen, an sich
selbst irre, stieg langsam vom Throne, be=
gann die schöne Schule; und machte — seine
Geschichte sagt's — große Fortschritte in der
lieblichen Lehre.

27.

Wachsamkeit und Wächter.

———

Zum wackern Haushahn sprach der bescheid=
ne Pfau: Ich bin das Ideal der Wachsam=
keit! Der Hahn besieht ihn genau und kalt.
Ja, ja, sagt er endlich, wir schreien beide
laut.

———

28. Elster.

28.

Elsterpolitik.

———

Halb weis, halb schwarz schlüpfte die Elster aus dem Ei der Mutter, aber sie war klug, und legte ihre Häßlichkeit auf Wucher. Sorgfältig schloß sie sich an Schwan und Raben, so daß sie bald mit dem einen, bald mit dem andern lebte und webte, und beider Vertrauen an sich brachte.

Stellte sie nun ein Unglük an, so zeigte sie flugs den schwarzen Flügel; da hies es dann, der Rabe hat's begangen, sie aber kikkerte gemüthlich über den Irrthum. Begieng hingegen der Schwan eine edle That, so stolzirte sie mit dem weisen Gefieder umher, und erndtete Lob und Preis ein.

Endlich kamen die alte Raben und Schwäne dem Schelmstükchen auf die Spur, und riefen ihrer hoffnungsvollen Jugend bei'm Eintritte in die Welt zu: Hütet euch, Kinder, vor der Elster; euer Gutes gilt ihr, ihr Böses euch!

———

29. Der

29.

Der Vertrag.

———

Der Jüngling. Liebe gelobst du mir, Holde; doch flechten die lächelnde Augen für das Herz ein Band, das sich dann nicht mehr löst.

Das Mädchen. Liebe schwurst du, Guter; aber die feurigen Blikke drohen dem Mädchen ein Loos, das sich dann nicht mehr tauscht.

Jüngling. Entlokt mir dein rosiger Mund den ewigen Eid, so flattert die Freiheit dahin, und du allein fesselst mich.

Mädchen. Entlokt dein zärtliches Flehen mir den blühenden Kranz, so schwindet der Schuldlosigkeit Glük, und bist du dann — mein?

Jüngling. Süs ist der Liebe Band, doch Freiheit schmükt es mit Blumen, und gern verharrt das Herz, wo kein Zwang gebeut.

Mädchen. Rasch ist des Verlangens Gang, wenn ihm nach den Blumen gelüstet; doch, sind sie gepflükt, dann hüpft es leicht tändelnd weiter.

Jüng=

Jüngling. Warum baut der Mensch doch so gern für den schwebenden Geist, den schönen Sohn des Aethers, ein irdnes niederes Haus?

Mädchen. Lieblich wohnt der Geist in dem ätherischen Tempel, welchen der Odem verwandter Natur schuf.

Jüngling. Nicht dieser freundliche Blik — schöne meiner, holde Gespielin: sonst hüpft mir der ewige Schwur schnell von den Lippen!

Mädchen. Reiche nur die starke Hand der schwächern zum herzlichen Bund; so pflegt die Milde der ringenden Kraft.

Jüngling. Wenn aber, du Gute, die Zeit sich der Liebe bemeistert? O versprich du mir zuerst, immer so reizend zu bleiben.

Mädchen. Guter, nie wich noch die Zeit den Künsten der Menschen; aber Treue erhält, was die Schönheit schuf.

Jüngling. Kennst du die Ewigkeit der schnell vorübergehenden Menschen? Nur zu leicht ist das Spiel, aber schnell wechseln Farben, und Dasein.

Mäd=

Mädchen. Ich kenne die Ewigkeit des
nie vergehenden Herzens! Kein Spiel ist sein
wahr Gefühl, und nie wechselt sein Werth,
nie sein Ausdruk.

Jüngling. Treue! du schönes Him-
melswort im keuschen Mund' des Weibes!
ich wag' es nun, ich gebe dir mich hin.

Mädchen. Treue! du erfreuliches Wort
von festen Lippen des Mannes! ich vertraue
dir, dir geb' ich mich hin.

Jüngling. Heilig ist der Sinn des
Vertrags; was Blüthe des Reizes gewann,
das erhalte Treue des Bundes.

Mädchen. Heilig ist die Erwartung
des Vertrauens; was sich der Sehnsucht der
Liebe ergab, das ruhe an treuer Innigkeit.

Drittes

Drittes Buch.

I.

Der Abend=Prozeß.

Sir Roger. Der köstliche Abend!

Der Justizdirektor. Ja! recht schön. — Nun also! sechshundert Prozesse.

S. Roger. Die kühle balsamische Luft!

Justizdirektor. Hab' ich nun seit den vier Jahren meiner Amtsverwaltung —

S. Roger. Wie heiter die Dämmerung! welche feierliche Stille —

Justizdirektor. Prächtig wär's hier zu referiren! Hab' ich also entscheiden lassen — ich!

S. Roger. Der Mond erhebt sich so herrlich — — —

Justizdirektor. Wie die große Laterne im Rathhaus — Und nehmen Sie, dazu noch die vielen Berichte an den Herrn!

S. Roger. Ich hätte mir die Natur hier nicht so schön gedacht, da wird es Ausbeute für mein Portefeuille geben!

Justizdirektor. Die Berichte hab' ich — ich habe sie alle ganz allein gemacht!

S. Roger. Immer dunkler, schwärzer tritt das Firmament vor —

Justizdirektor. Superb! wie ein Dintenfaß — In der That! superb — Ich —

S. Roger. Die hohe Feuerfunken! die strahlenden Gestirne!

Justizdirektor. Jezt haben wir gerade einen ganz kuriosen Kasum — einzig in seiner Art — ich hab' ihn auch schon für den zwei und sechzigsten Band meiner Nebenstunden ausgearbeitet —

S. Roger. Gönnen Sie sich doch nur einmal eine wahre Nebenstunde, und vergessen Sie Ihr Geschäftswesen um die liebe und liebliche Natur —

Justizdirektor. Ja! ja! recht hübsch! wie die Salamander blinken die Sterne — recht sehr schön — wahrhaftig — und der Mond sieht ganz pathetisch aus — Es ist recht rührend — alles —

S. Ro=

S. Roger. Sehn Sie den sanften Schimmer der Milchstrase? —

Justizdirektor. Der grose Bär nimmt sich auch wahrhaft gut aus — da!

S. Roger (f. s.). Ich höre ihn. — Sie irren, lieber Freund; er ist hier.

Justizdirektor. So so! Aber dort unweit des Mondes der neuentdekte Saturn —

S. Roger (lächelnd). Das ist ja Venus —

Justizdirektor. Auch gut — auch gut — mir gleichviel. Ich hab' zu viel auf der Erde zu thun — kann mich um die Himmelständeleien nicht bekümmern.

S. Roger. Doch sind sie so angenehm zur Erhohlung —

Justizdirektor. Ach was! da les' ich lieber im Bartolus — Man mus die Theorie immer mit fortbetreiben — immer mit!— — Erst das Nüzliche — das Solide — — sehn Sie, das Szientifikum und Oekonomikum — und das Punktum Juris! — Und wenn man das recht betreibt — recht! so bleibt keine Zeit für die Poesie — He? was sagen Sie dazu? Hab' ich nicht Recht?

S. Ro-

S. Roger. Welche Frage für den Hof-
marschall der Justiz! Sie können gar nie
Unrecht haben.

Justizdirektor. Der sechshundert erste Prozeß entschieden! ja, ja — entschieden!
und — gewonnen!

2.

Selbstbescheid.

Es mag wahr sein, daß die Laune des Papagei's sich geändert hat, seit ich ihn verlies; aber das kann ich versichern — er war
nie so vergnügt, als da ich heute bei ihm
war. Ich gieng in der Absicht hin, Ihnen
zu nützen, meine Liebe, und wie wär' es
mir da unmöglich geblieben, unterhaltend zu
sein! Als er recht von Herzen lachte, flocht
ich das erste Wort von Ihrer Sache ein;
als er mir vor lautem Lachen nicht mehr
widersprechen konnte, musterte ich ihm schnell
all' Ihre Gründe, und da er wieder zu sich
kam, fand ich ihn so erschöpft und so dankbar,

bar, daß er mir alles zusagte, was Sie
wünschen. Sie sehn demnach, daß Ihre Sache auf dem besten Fuse von der Welt steht,
und gewisse Nachrichten den Schein einer
grosen Ungewisheit gewinnen.

So sprach Frau Gans zu der armen
Lerche, welche durch sie bei dem Papagei,
dem Günstling des Adlers um die Erlaubnis
warb, ungestöhrt singen zu dürfen; der Guguk hatte es ihr, durch seinen Vetter, den
Vize - Statthalter Raben verbieten lassen;
und nun war die günstige Stimmung des Fa-
voriten nur durch den alles wissenden, wenigstens alles behorchenden und wieder aus-
plaudernden Finken widersprochen.

Indem die Lerche noch traurig und un-
entschlossen den Kopf hieng, wurde sie vor
den Adler gefordert. Zagend nahte sie dem
König der Vögel, der sie mit mehr als ern-
stem Blik empfieng; sie flatterte flehend zu
seinen Füsen.

Bin ich unzugänglich, oder nicht Adler
mehr, sagte er nachdrüklich, daß du Mittelspersonen bedarfst, um dein Recht zu erlan-
gen? und zwar solcher Mittelspersonen?

Ver-

Vernimm, daß ich dir, wie dem Guguk, das Lied zu singen erlaube, welches die Natur euch lehrte, und daß der gewaltthätige Rabe abgesezt ist; aber merke dir auch), daß der Papagei mir nur in der Verdauungsstunde vor — aber auch da keiner Gans nachplaudern darf.

3.

Die Konferenz.

Das Reich der Thiere gerieth in grose Unruhe: neue Feinde, wenigstens neue Gefahren zeigten sich von mehreren Seiten. Die Bewohner der Luft wurden über die Versuche der Luftschiffer, die Bewohner der Erde über die filanthropische Vertilgung des Wildes, die Wasserbürger über die neue Entdekkungsreisen scheuer als jemals. Alle vereinigten sich, über den Menschen, als die Quelle alles Uebels zu schmähen, und gemeinschaftlicher Berathungen zu Abwendung des Uebels zu pflegen.

Aber

Aber auch hier erschwerte die Furcht, es
nicht gut genug zu machen, die Möglichkei=
ten des wirklich Guten; der Zweifel schweb=
te mit rußigem, die Intrike mit buntem Fit=
tich über den Wahlversammlungen, Unthä=
tigkeit, Schwäche, Furcht und Eifersucht
thaten das Ihrige, und so bestimmten die
Erdthiere Schaaf und Schnekke, die Vögel
Straus und Kolibri, die Fische Hering und
Grundel zu ihrem Abgeordneten; den Vorsitz
sollten abwechselnd Löwe, Adler und Wall=
fisch führen.

Um Jupiters willen! rief der Löwe, wie
er die Herren nach und nach ankommen sah;
wo soll das hinaus! Das Schaaf ist des
Menschen los, wenn es seine Wolle gegeben
hat; nur wenige der zweibeinigen Näscher
ohne Federn lüstern nach der Schnekke: der
Straus kann nicht fliegen, heißt er gleich
Vogel, und den Kolibri kümmern alle Luft=
ballen und Wolkenwägen wenig, so lang'
er so leicht unterschlüpfen kann, als jezt:
der Hering hat alle Jahre nur eine Zeit
der Gefahr, und die Grundel interessirt den
Gaumen der Universalesser noch weniger als
                                    die

die Schnekke. Welche Wahl von Sprechern
und Berathern haben die Verblendete, denen
es eigentlich gilt, da getroffen! Ich will's
mit den Kontrasten versuchen, aber —

Was der Löwe fürchtete, geschah; er er=
eiferte sich so, daß er den Vorsiz noch vor
Ablauf der bestimmten Zeit aufgab. Sieh
du, wie du fertig wirst, Bruder Adler,
sprach er zu diesem — ich kann es nicht
länger aushalten.

Wer hat noch je das Blöken für furcht=
bar erklärt? rief der Adler nach kurzer Frist;
wer Kriechen oder schwerfälliges Schleifen
für Flug? habt ihr den Kolibri schon brüllen
hören, oder den Hering jemand verschlingen
sehn? Wer führt euch in dieser unglükseligen
Minute zusammen? — Ich, ich kann mit euch
nichts richten!

Der Adler überlies sie dem Wallfisch;
aber wie der Wasserriese über die Wogen
schaute, liefen Schaaf und Straus, und flog
der Kolibri ängstlich davon: die Schnekke
schlüpfte in ihr Haus, der Hering und die
Grundel an der Seite hinweg.

Der

Der Wallfisch rief dem Adler in hoher
Luft, und dem Löwen am Strande zu: Ich
denke, für uns ist die Gefahr kleiner ohne
die dorten! Laßt das Berathen sein, und
handelt ihr!

4.

Die lezte Thorheit.

Auf ernsthafte Vorstellungen des Katers
nahm sich der Affe vor, klug zu werden,
und klug zu thun: dieses kam ihm — sonderbar genug! — viel leichter an, wie jenes. Drei Tage und drei Nächte hindurch
vermocht' er es über sich, seinem Vorsazze
treu zu bleiben; keine Frazze, kein possir-
licher Streich hatte den weisen Plan seines
Innern an das noch immer lächerliche Aeus-
sere des Spasmachers verrathen.

Am vierten Tage fand er einige vorma-
lige Gefährten versammelt, wie sie einen
aus ihrem Mittel in die gestohlene Kleider
des Bürgermeisters, die übrigen aber in die

Städt=

Stadtlivrei gestekt hatten, um nun in feier-
licher Prozession nach dem Garten seiner
Herrlichkeit zu ziehen, Angesichts der von
Dämmerung und Larven getäuschten Nachbarn das köstliche reife Obst zu schmausen,
und was nicht geschmaust wurde, einzuheim-
sen. Die Maskerade war fertig, noch eine
Livrei, grade jene des feistesten Stadtdie-
ners frei — unser neuer Weise erscheint,
alle Freunde rufen, das Abentheuer lokt ihn;
er kann nicht widerstehn, fährt in den Amts-
rok, und stopft sich, unter grosem Gelächter
und Jubel der Kollegen, einen dikken Bauch
von Gras und Blättern an.

Wie die Geschichte vollendet ist, erneuert
der Kater seine Predigt, unser Affe seine
Busfertigkeit, seine Gewissensbisse und Vor-
säzze; tragikomisch ruft er aus: Ja, lieber,
ehrwürdiger Kater, das soll meine lezte
Thorheit gewesen sein.

Drei Tage ernster Betrachtung vergehn;
der Kater giebt dem Jünger der Besserung
treffliche Lehren, und ergeben nimmt der
Affe die moralischen Nusskerne an, als wären es wirkliche. In der vierten Nacht hört
er,

er, da er sich eben zum Schlummer legen will, ein gräßliches Poltern neben seiner Ruhestätte: er schleicht hinzu, und findet seinen filosofischen Kater mit hoffnungsvoller Nachkommenschaft bis ins vierte Glied beschäftigt, einige erworbene Schinken in Sicherheit zu bringen.

Halbpart! schreit er mit der fröhlichsten Laune von der Welt — Halbpart, verehrlicher Buspprediger! Es scheint, du bist selbst noch an deiner lezten Thorheit; ich habe also noch eine mehr zu gute, und erst die vorlezte begangen.

5.

Zweifel.

Die Mutter. Ich glaube, du rufst der Liebe nach. —

Die Wittwe. Sie folgt mir.

Mutter. Dir träumt von sechzehn Jahren.

Witt=

Wittwe. Ich träume nicht, aber ich lebe.

Mutter. Du solltest der zärtlichen Täuschung entsagen.

Wittwe. Ich halte mich an die beglückende Wirklichkeit.

Mutter. Die Liebe mag die — Brillen nicht.

Wittwe. Aber theilt welche aus.

Mutter. Für dich?

Wittwe. Süßer Wahn!

Mutter. Gehört dem Lenze.

Wittwe. Die Augenblicke fliehn —

Mutter. Sind entflohn.

Wittwe. Die Zeit —

Mutter. Kehrt nie zurük.

Wittwe. Blühten und Freuden —

Mutter. Gehn mit ihr.

Wittwe. Aber mein Herz —

Mutter. Spielt mit Langeweile und Eitelkeit.

Wittwe. O nein! heitere Stunden —

Mutter. Begegnen dir nicht.

Wittwe. Die Liebe —

Mutter. Verbittet sich Falten.

Witt=

Wittwe. Hab' ich denn keine Spiegel?

Mutter. Aber keine Augen —

Wittwe. Die Zärtlichkeit —

Mutter. Flattert!

Wittwe. Man kann sie fesseln.

Mutter. Nur mit ächten Blumen.

Wittwe. Gestern noch —

Mutter. Du stehst an heute!

Wittwe. Bekannte mir —

Mutter. Vergiß!

Wittwe. Ein liebenswürdiger Mann—

Mutter. Und ein liebender?

Wittwe. Daß meine Hand —

Mutter. Vom Herzen schwieg er?

Wittwe. Sein Glük ausmache —

Mutter. Und — seine Versorgung.

Wittwe. Er selbst ist reich —

Mutter. An Nachsicht also?

Wittwe. Sie sind — unerträglich hart!

Mutter. Du bist — lächerlich weich!

---

6. Lehre

6.

Lehre ohne Beispiel.

———

Der junge Sperling sah mit gespannter Aufmerksamkeit nach dem Kirschbaume. Die rothen Früchte lachten ihn so freundlich aus dem Schoos grüner Blätter an — er fühlte ihr Voraus die ganze Köstlichkeit der noch nie geschmekten, und mahlte sich das unbekannte Gut mit alle der Einbildungskraft aus, welche nur der regen Sperlingsluft zu Gebote sein mag.

Dik angestopft und satt kam ein alter Sperling langsam von dem Baume hervorgeschwebt, und sezte sich keuchend neben den Jüngling. Was machst du hier, mein Lieber? fragte er freundlich und sittsam.

Ich — —

Zögere nicht mit dem schönen Geständnisse — du sinnest, du denkst, du bildest dein Inneres. Das ist sehr edel von dir; wie viel Freude macht mir nicht diese Entdekkung!

Nein!

Nein! mein guter Vater, erlaube mir, nicht für beſſer zu gelten, als ich wirklich bin. Die edle Filoſofie war mir eben jezt ſehr, ſehr ferne — deſto näher die —

Was? was?

Die Luſt nach jenen — Kirſchen, Vä‍terchen!

St! ſt! die Verſuchung! O hüte dich vor ihr, mein Sohn! lieblich weis ſie uns zu lokken —

Ja, in der That, das weis ſie!

Aber die Folgen — die Folgen —

Sind ein — angeſtopfter Kropf und ſchwerer Odem. Nicht ſo, Weiſeſter unter den Sperlingen?

Ja, gutes Kind —

Der Jüngling zwitſcherte muthwillig. Wollteſt du etwa die ſchöne Kirſchen für dich allein behalten? rief er, und flog luſtig von der Warnung der Sättigung zum Baume der Gefahr.

————

7.

Der grose Zwek.

***

Der Jüngling. Du lächelst?

Der Greis. Nicht über dein Feuer—
nein! zu edel ist das — aber über — ver=
gieb — über seinen Rauch.

Jüngling. Versteh' ich dich recht?
oder ahne ich nur?

Greis. Dein Zwek ist gros, und —
noch mehr — er ist zugleich gut. Verfolge
ihn — der Rauch verfliegt, die wolthätige,
belebende Flamme bleibt.

Jüngling. Wo find' ich dich wieder?

Greis. Am Ende deiner Prüfungsbahn.
Lebe wol!

Jüngling. Gedenke mein!

***

Der Weise. Trost geb' ich dir gern',
Geliebter — — —

Jüngling. Den schöpf' ich schon aus
deinen Schriften.

Weiser.

Weiſer. Du erfreu'ſt mich.

Jüngling. Balſam floß aus ihnen meinem wunden Herzen zu; doch — —

Weiſer. Haſt du auch meine Abhand-lung von der Seelenſtärke geleſen?

Jüngling. Und gefühlt : aber mehr noch ſagte mir — —

Weiſer. Mein Werk von der Geduld?

Jüngling. Es iſt vortrefflich. Doch beruhigte mich am meiſten —

Weiſer. Meine Schrift über die Ent-haltſamkeit?

Jüngling. Vergieb; die über die Ver-achtung der Reichthümer.

Weiſer. Ah — ſo?

Jüngling. Der Mann, dacht' ich, welcher das Gold mit dieſem edelmüthigen Freiſinn verſchmäht — —

Weiſer. Ich bitte dich, Beſter— auch von der Beſcheidenheit ſchrieb ich ja —

Jüngling. Welcher nur für innere, unvergängliche Schätze glüht —

Weiſer. Vergiß meinen Kommentar über die Verachtung des Ruhmes nicht —

Jüngling. Der nur für Befriedigung des Geiſtes und das Glük anderer ſorgt —

Weiſer. Bei'm groſen Profeten, guter Jüngling, du wirſt mich zu einer Schrift gegen die wolmeinende Schmeichelei begei=ſtern —

Jüngling. Der Mann, dacht' ich, wird mit Rührung deine Noth vernehmen —

Weiſer. Hör' ich nicht meine Schüler kommen?

Jüngling. Mit geſpannter Aufmerk=ſamkeit auf guten Rath ſinnen —

Weiſer. O ja, du Lieber, herzlich ger=ne; komme du nur morgen wieder.

Jüngling. Mit geflügelter Eile ſein Gold mir mittheilen —

Weiſer. Ach! — ich beſize deſſen nur für das äuſſerſte Bedürfnis.

Jüngling. Das meinige iſt äuſſerſt.

Weiſer. Verſtehe mich recht — kaum hab' ich ſelbſt Brod und Waſſer.

Jüngling. Dieſes ſchöne Haus —

Weiſer. Iſt unfruchtbare Steinmaſſe.

Jüngling. Dieſe freundliche Einrich=tung, die ſchönen Kunſtwerke.

Weiſer.

Weiſer. Des Denkers Geiſt mus von beruhigenden, angenehmen Gegenſtänden um= geben ſein.

Jüngling. Dieſe eiſerne Geldtruhe —

Weiſer. Gehört den Armen!

Jüngling. Ich bin arm.

Weiſer. Geh' im Frieden, mein Sohn; du biſt noch nicht weiſ' und tugendhaft ge= nug, denn du fühlſt noch deine Armuth. Keh= re morgen zurük; dann ſoll mein beſter Rath für dich bereit ſein.

Jüngling. Und ſonſt nichts?

Weiſer. Unverſchämter! genügt dir das nicht? Von hinnen, Zudringlicher! mei= ne Zeit iſt koſtbar.

Jüngling. Aber — —

Weiſer (die Thüre hinter ihm ſchlieſend). Meine Schüler kommen — du raubſt ihnen die Lehre der Wahrheit.

———

Der Weſir. Du haſt dich brav gehal= ten, junger Menſch.

Jüngling. Dieſe Wunden —

Wesir. Sind dein ewiger Ruhm; ich kenne sie.

Jüngling. Sie nehmen mir für die Zukunft die Waffen —

Wesir. Ruhe auf deinen Lorbern.

Jüngling. Ohne Brod?

Wesir. Dem Tapfern fehlt es daran nie.

Jüngling. Gieb mir welches.

Wesir. Alle Moslems werden dich mit Freuden in ihr Haus aufnehmen.

Jüngling. O gieb das Beispiel, Herr!

Wesir. Lebe wol, edler Kämpfer; Geschäfte rufen mich.

Jüngling. Meiner wartet der Tod.

Wesir. Er flieht dich, du hast ihm Schrekken eingeflößt. Lebe wol!

Jüngling. Würdiger Derwisch!

Der Derwisch. Stöhre mich nicht im Gebet.

Jüngling. Eine kleine Gabe!

Derwisch. Die begehre ich selbst.

Jüngling. Theile mit mir.

Der=

Derwiſch. Arbeite!

Jüngling. Gelähmt, wie ich bin?

Derwiſch. So bete!

Jüngling. Ich bat dich.

Derwiſch. Läſterer! nur der Gottheit kann Gebet gelten.

Jüngling. Aber die Bitte dem Menſchen.

Derwiſch. Fort von hier, Unheiliger! Verunreinige dieſe Stätte nicht, Freidenker.

Jüngling. In dieſem Sakke haſt du der Nahrungsmittel viel.

Derwiſch. Sie gehören meinen armen Mitbrüdern.

Jüngling. Auch ich bin dein Bruder.

Derwiſch. Fort! ſage ich dir, oder das Volk, welches ich anrufe, ſoll dich ſteinigen.

———

Der Kaufmann. Daß du gut biſt, ſagen dieſe Zeugniſſe.

Jüngling. Mein Leben ſagt es mit ihnen.

Kauf=

Kaufmann. Auch fähig und geſchikt biſt du — ich ſeh' es an deiner Arbeit.

Jüngling. Die Erfahrung ſoll es dir beſtättigen.

Kaufmann. Du wirſt mir taugen, wenn du einen Zuſchuſſ in mein Geſchäft leiſten kannſt.

Jüngling. Ich habe kein — Gold.

Kaufmann. Dann bedaure ich, deine Wünſche nicht erfüllen zu können.

Jüngling. Aber mein Herz —

Kaufmann. Geld regiert die Welt.

Jüngling. Mein Kopf —

Kaufmann. Geld regiert die Welt.

Jüngling. Mein Fleis —

Kaufmann. Zum leztenmale — Geld regiert die Welt — gehab' dich wol.

Der Dilettant. Deine Geſellſchaft würde mir angenehm ſein.

Jüngling. Ich werde dich zu unter-halten ſuchen.

Dilettant. Du beſizzeſt gründliche Kenntniſſe —

Jüng-

Jüngling. Dir sollen sie wuchern. .

Dilettant. Sprichst lieblich, schreibst schön —

Jüngling. Beides wird dir angehören.

Dilettant. Deine Gestalt ist einnehmend.

Jüngling. Allah sei Dank! ich bin von meinen Wunden für's Vaterland hergestellt.

Dilettant. Der Ton deiner Stimme wiegt sich sanft in meinem Gehör.

Jüngling. Gut für deinen künftigen Vorleser.

Dilettant. Nur eine einzige Frage noch — Was hast du wol im Vermögen? .

Jüngling. Ich! — Du weißt es ja!

Dilettant. Ich frage nun zum erstenmale darnach.

Jüngling. Du nanntest meine Reichthümer Stük vor Stük.

Dilettant. Das — deine Reichthümer?

Jüngling. Ich denke sie mit vollem Rechte so nennen zu können; sie verlieh mir die Natur; auch der Wechselbalg, auch der

Dum=

Dumme, auch der Böswicht kann, wenn schon von ihr vernachläsigt, doch Gold haben.

Dilettant. Du hast mich getäuscht — unser Vertrag hört auf. Der Mann, welcher sich mir zugesellt, mus sich das Nothdürftige selbst schaffen können; mir behalt' ich das Belohnen vor.

Jüngling. Lebe wol — das Nothdürftige hab' ich, und ich entsage deiner Belohnung.

———————

Greis. Willkommen, edler Jüngling!

Jüngling. Man bestelle den neuen Lustbau ab!

Greis. Du bist doch recht gesund zurükgekommen?

Jüngling. Ein fliegender Bothe soll den Kauf über die arabischen Rosse zurüknehmen —

Greis. Deine Geschäfte scheinen eilig, und ihrer viel.

Jüngling. Hört ihr Sklaven! ein fliegender Bothe, und eine Summe Gelds wag' ich an die Ersparung des übrigen Kaufpreises.

Greis.

Greis. Du hörst mich nicht —

Jüngling. Die schöne Sklavin will
ich nicht mehr.

Greis. Nur ein Wort —

Jüngling. Meine Gelder soll man
einziehen, Hali! auf meinen Gütern soll man
wirthschaften — der beste Verwalter wird
mein bester Freund sein!

Greis. Du hast keine Muse — ich
komme wol ein andermal wieder.

Jüngling. Bleibe, ehrwürdiger Greis!
bleibe und vergieb, daß ich dich zu übersehn
schien — es war nicht so; vergieb, daß ich
dir jezt erst glaube, ich hatte Unrecht. Diese
Umarmung sage dir's: der Rauch ist dahin,
die Flamme blieb.

Greis. Dann sei Allah gelobt!

Jüngling. Mein Zwek war gros, er
bleibe es, und gut zugleich! Ich habe die
Menschen kennen gelernt, aber nun erst will
ich dem Menschen aufhelfen. Reich will ich
sein, um unabhängig das Gute zu thun;
sparsam will ich werden, um wolthätig sein
zu können.

Greis.

Greis. Allah sei Dank! du bist auf
dem rechten Wege. Des Weisen Diamant,
der Kiesel des Thoren, das Gift des Schwäch-
lings ist — der Reichthum.

8.

Die Quadrille.

———

Der Schmetterling, die Motte, der Maikäfer und die Schnake vereinigten sich zu
einem festlichen Tanze, mit welchem sie das
Hoffest des Löwen verherrlichen wollten.
Fleisig hatten sie ihre Künste geübt, voll
glänzender Hoffnungen und eitler Ansprüche
traten sie auf.

Was giebt es hier? fragte der Löwe
halb verdrüslich, da er die Insekten wahrnahm.

Ein Ehrentänzchen für deine Majestät.

Spart's! rief er — gaukelt weniger
näschig um Blühten und Blumen, Freund
Schmetterling und Meister Maikäfer; und
ihr, kleine Damen, schont fremder Pelze und

Häute

Haute — ihr werdet mich dadurch mehr verbinden, als durch das zierlichste Luftballet.

Grosgünstigster Herr!

Ich kenne euch, rief der Löwe noch einmal mit steigendem Unwillen, und erschütterte mit stampfendem Fus' den Boden — kroch ihr doch sonst!

Gnädigster Monarch! der Ausdruk unserer tiefsten Verehrung — o vergönne!

Immerhin! raunte das Roß dem Könige zu, laß' das Gesindel doch tanzen! Seit es Flügel hat, ist es nur darum so zudringlich, weil es mit Kriechen begann.

9.

Das Universalgenie.

Die Gans gieng ehrenfest und in ihrem Sinne erhaben am Rande des Teiches umher, drehte und wandte schnatternd den flachen Kopf nach allen Seiten, und forschte nach Bewunderern. Hahaha! lachten ein Paar Hunde, die traulich neben einander schreitend, der wakkelnden Fusgängerin zusahen.

fahen. Das ist nicht alles, meine Herrn! rief die Geschmeichelte, ich kann auch flie= gend singen!

Mühsam schwang sie sich in die Höhe, schwerfällig und mit den Flügeln schlagend, schob sie sich niedrig genug in der Luft fort, und hörte nicht auf zu schnattern. Einige muth= willige Lerchen kikkerten sie an, und alle Sper= linge der Nachbarschaft erhoben ein lautes Ge= schrei. Geduld! meine Damen und Herrn! rief sie wieder, ich singe auch schwimmend!

Froh, sinken zu können, platschte sie in den Teich hinab, und ruderte, selbstgefällig und immer unter lautem Geschnatter auf der Spiegelfläche hin. Karpfen und Hechte ver= gaßen der alten Feindschaft, schossen vom Grunde des Wassers herauf, horchten ein wenig, und — lachten viel.

Bewiesen hab' ich's, schrie die Gans lauter, als jemals — ich bin ein Universal= genie! Hunde, Vögel und Fische lermten, der Wiederhall verdoppelte das Geräusch, sie tauchte unter im Wonnegefühl des Ruhms, doch Hunde, Vögel und Fische — lachten nur, und lachten immer wieder.

10. Das

10.

Das Ballet.

Wie artig! wie niedlich! das mus ich gleich
zu Hause versuchen — O meine Hunde haben auch Talent! und ich — ich fasse schnell.
Reise ich nicht zu dem edlen Zwekke, allenthalben das Schöne und Gute zu sehn, zu
prüfen, aufzufassen, und meine Heimath damit zu veredeln?

So sprach der ehrliche Landjunker, und
eilte von dem Marktplazze des Städtchens,
wo er die Tanzhunde gesehen, nach dem
Schlosse seiner Väter. Alle Filaxe und Me-
lampe seiner Hirten, alle Perdnixe und Ti-
rasse seiner Jäger wurden sogleich aufgebo-
ten; die alte Kleider der gnädigen Frau, die
abgelegte Garderobe des Junkers umgeschaf-
fen, und zu Damen und Herren die vierfü-
sige Kandidaten der schönen Künste umge-
staltet; die Schäfer klagten, die Jäger fluchten, die Kammermädchen weinten, die Hunde
heulten, Musik erschallte, Peitschen knallten;

aber

aber durch Schläge, Hunger und rastlose
Standhaftigkeit des Barons war das Ballet
in kurzer Frist organisirt. Wer vermag seine Freude, sein Wolgefallen an sich selbst
und der neuen Schöpfung zu beschreiben! —
So, rief er entzükt, so bildet die Schöpfer-
kraft, aus der thierischen Rohheit nie ge-
träumte Vervollkommnung!

Aber, indeß der gute Baron vervoll-
kommnete, fielen ungeschrekte Wölfe in die
unbewachte Heerden, und nicht mehr verfolgte Haasen in die Krautäkker; fast stünd-
lich verminderten sich die Schaafe, lauter als
je klagten die Hirten, fluchten die Jäger,
schrien Mädchen und Beschlieserin. Das
kömmt aus der verwünschten Tanzerei heraus! riefen alle.

Der Baron schüttelte den Kopf, seine
gute Frau tröstete ihn lächelnd. Laß jeden
bei seiner Bestimmung, flüsterte sie, und bedarfst du vierfüßiger Tänzer, so gieb ihnen
sonst kein Geschäft, als — ihr Ballet.

11. Azil-

II.

Achills Ferse.

———

Der Geist. Freund! besinne dich —

Der Gerechte. Ueber die Pflicht giebt's
—kein Besinnen. Ich kann nicht, was du willst.

Geist. Ich mache dich zum Herrn von
Millionen.

Gerechter. Für meine Wünsche bin
ich reich genug.

Geist. Zum Schönsten der Sterblichen—

Gerechter. Bin ich kein Mann mehr?

Geist. Zum Gebieter von Tausenden!

Gerechter. Möcht' ich mir immer selbst
gebieten können!

Geist. Gelehrter Ruhm soll dich um=
strahlen!

Gerechter. Laß' mir meinen edlen Muth.

Geist. Du hoffest, du wünschest nichts!
ich will diesem Muthe Prüfungen erfinden.—

Gerechter. Erfinde; ich wanke nicht.

Geist. Dein väterlich Erbe fressen
Flamme und Wasser.

Ge=

Gerechter. Ein Stein bleibt mir für mein Haupt.

Geist. Häßliche Krankheiten sollen dich zum Scheusal machen —

Gerechter. Mein Herz bleibt gesund.

Geist. Weib und Kind raub' ich dir.

Gerechter. Ich steh' allein; du kannst mir nichts rauben.

Geist. Dein Einfluß soll aufhören.—

Gerechter. Ich verliehre dabei nichts.

Geist. Die Menschen sollen dich hassen—

Gerechter. O! das thun sie schon!

Geist. Sie sollen — dich verachten!

Gerechter. Wie!

Geist. Verachten! dich verkennend, all deiner Tugend, all deinem Edelmuthe zum Trozze, dich verachten!

Gerechter. Laß sehn —

Geist. Lebe wol!

Gerechter. Halt! noch einen Augenblik!

Geist. Was ist's?

Gerechter. Ich— —willige— in dein Begehren.

Geist (verwandelt sich in Satan). Hab' ich die Ferse? — Fort mit dir!

———

12. Die

Die Kontrolle.

In der berühmten alten Zeit, wo Saturn und Urania regierten, die Menschen ohne Gesezze tugendhaft, und Lieb' und Zärtlichkeit ohne Zwang treu waren, schlich Amor, endlich mit zuviel Macht und zu wenig Unruhe unzufrieden, zu Vater Jupiter, und sprach: Zwar gebiete ich unumschränkt; es fehlt meiner Herrschaft nicht an Sklaven: doch schlummern zulezt, wenn es so fortgeht, die Unterthanen mit ihrem König' ein. Ein Feind ist's, dessen ich bedarf; es mus sich fortan mein Reich im Kampfe regen.

Herr Zevs hört zu, und wirft ein Schok Atomen durcheinander; dichter Duft steigt plözlich auf, um sich langsam wieder zu vertheilen, aus dem trüben Dunste schwebt — die Alteweiber-Ehre mit strengem Blik, Salamanderbalg und scharfem Gebiss' hervor, so dicht von Schleiern umflossen, als wären sie aus Erz geschmiedet, in der Hand den Fächer

als

als Waffe und Zepter, und Duenna's=Falten
auf Stirn' und Wangen, Duenna's=Wermuth
auf den Lippen.

Schalk Amor hüpft um sie herum, sieht
ihr in die Augen, jezt nah, jezt fern, macht
einen Freudensaz, und ruft: Allerliebster
Papa, welch ein Schaz für mich! gerade so
ein Ungeheuerchen kann ich brauchen.

13.

Der Schauspieler.

Almon wiedmete sich der Bühne, und fleh=
te die Götter um Hilfe an. Da erschienen
an dem Altar seiner Hausgötter die strahlen=
de Himmelsbewohnerinnen: Erinnerung, Be=
redsamkeit und Wahrheit. Auf sein Haupt
legten sie die weihenden Hände. Ich nehme
dein Gedächtnis in Schuz, sprach die Erin=
nerung; nichts soll ihm entschlüpfen, was
es faffen will. Ich begeistere dich zum Aus=
druk des Gefühles, fuhr die Beredsamkeit
fort; alles Schöne, Gute und Grose soll
dei=

deiner Darstellung angehören. Und ich! schloß
die Wahrheit, ich heilige das alles mit dem
holden Schimmer der Wahrscheinlichkeit.;
Täuschung der Kunst erhalte die lohnende
Palme der Wirklichkeit, und was die Menschen an und von dir erblikken, gelte!

Almon glänzte bald als Künstler. Im
Vertrauen auf seinen Erfolg und den Schuzz
der Unsterblichen trug er späterhin die Rolle
des Scheinens von der Bühne auf die Wirklichkeit über. Wolfeilern Kaufes kann ich
nicht zum Tugendhelden werden, flüsterte er
tief im verborgensten Innern, als wenn ich
nur immer auf meinen Brettern zu sein
wähne. Sind nicht die Menschen gebohrne
Narren ihres eignen Ich's? bin ich nicht
im Zuge? und werden sie mir nicht eben so
leicht und eben so gerne zuklatschen ohne
Lampen und Szenerei, als mit denselben?—
Wolan! muthig an's Werk!

Aber vergeblich hatte Almon auf den
Beistand seiner Schuzgöttinnen gerechnet;
auf seiner neuen Laufbahn gleich zu Anfange
strauchelnd, dann fallend, erndtete er Zischen
statt Beifalls, und statt Ruhmes Beschämung.

Mit

Mit schmerzlichem Vorwurf wandte er sich
gen Himmel, und rief: Ist das euer Schutz,
falsche Göttinnen?

Und ist das deine Anwendung? tönte
die Stimme der Himmlischen: dem Schau-
spieler verhiesen wir den glüklichen Fort-
gang des Scheines, der sein Beruf ist; aber
der Giftmischerei des Heuchlers fluchen
wir.

13.

Des Schiksals Wette.

Der Winter bedekte die Erde mit Schnee
und Eis; es klapperten die Zähne der Thiere und Menschen von des Frostes Grimm,
der Reiche kaufte und der Arme stahl sein
Holz, die Landleute rasteten, und der Städ-
ter arbeitete an seiner Unterhaltung, als —
das Schiksal den Bären aus seinem Todten-
schlafe wekte.

Was giebt es? brummte der träge Höh-
lenbewohner, und sog an der Tazze.

Er-

Erwache!

Noch ist es nicht Zeit: laß' mich in Ruhe: mein Fett schmekt mir gut.

Erwache, sag' ich dir. Es ist Zeit.

Ich weis das besser — mein guter Freund, der Instinkt sagt mir's, auf das Haar, wann der Augenblik zum Aufstehn und der Frühling eintreffen.

Glaube mir; denn ich bin das Schiksal.

So?

Weißt du nicht, daß mir alles unterthan ist?

Nur kein Bär.

Elender! ich kann dich vernichten.

Auch gut! dann darf ich gar nicht mehr aufwachen; die Menschen zwingen mich nicht mehr zum Tanzen, die Bienen stechen mich bei'm Honigsuchen nicht mehr, ich darf vor dem Löwen nicht laufen — O ich bitte dich! liebes Schiksal, habe die Güte, mich zu vernichten.

Ergrimmt trat das Schiksal zurük, die Höhle schloß sich, unser Bär schlief wieder ein. So hätte ich denn meine Wette gegen die Götter verlohren! rief das Verhängnis,

ge=

gegen sie, meine Sklaven! Es gäbe eine Macht,
welche der meinigen widerstünde, sie —
vertilgte! und diese Macht wäre die — In=
dolenz! Welche Schmach!

Mit diesen Worten verbarg sich das
Allmächtige, Eherne, vor Wuth erröthend,
in der ewigen Nacht.

15.

Sein und Nichtsein.

Kalidar. Aber, Milord —

Der Lord (auf dem Ruhbette gelagert):
Aber, du guter indischer Schwärmer, wie
oft hab' ich dir nicht schon gesagt, daß ich
über allen Ausdruk glüklich bin!

Kalidar. Du glüklich?

Lord. Ich habe einen herrlichen Namen—

Kalidar. Den dankst du jenen Men=
schen, welche ihr Ahnen nennet.

Lord. Ich bin reich —

Kalidar. Mus nicht der blühende
Baum Früchte tragen?

Lord.

Lord. Ich habe Freunde —

Kalidar. Schmeichler um deines frohen Lebens willen —

Lord. Die Liebe lacht mir —

Kalidar. Um Gold! Du wärest glüklich, und — dein Plaz im Parlament ist leer — Verzeih' mir, guter Herr, du bist nicht.

Lord. Hahaha! das ist doch stark. Soll ich mich etwa mit um das grose Freiheitspergament streiten, welches die Motten halb verzehrt haben?

Kalidar. Ja! damit sie es nicht gänz verzehren.

Lord. Das Staatsschiff kömmt ohne mich, wohin es soll.

Kalidar. Wenn die Seeleute entlaufen, so scheitert das Schiff.

Lord. Mit deiner orientalischen Einbildungskraft! Du, Indier, siehst unsere Verfassung im goldnen Strahlenlichte; aber wir, glaube mir's, wir sind des ewigen Sturmes müde, der um uns tobt.

Kalidar. Sturm schwellt Segel, stärkt Matrosen, bildet Piloten —

Lord.

Lord. Nur in der vollen Monarchie
ist Ruhe: o gieb sie uns, guter Himmel,
und sperre den Lermern den Mund!

Kalidar. In alten, uralten Zeiten
tobte ein unaufhörlicher Sturm durch In-
diens Lüfte; da war —

Lord (sich behaglich dehnend). Halt! du
willst mir ein Mährchen erzählen, allerliebster Kalidar? das ist ein himmlischer Gedanke von dir — Nur laß' mich erst gehörig
Posten fassen — So — so — Nun, fahre
fort, guter Kalidar — Ich höre gern von
Stürmen — erzählen —

Kalidar. Da war ein endloses Ge-
töse; die Erde bebte, Bliz folgte auf Bliz,
Donnerschlag auf Donnerschlag — an keinen
Ruhepunkt durfte man denken.

Lord. Huhu!

Kalidar. Einst, da die Wetter koch-
ten, und die versammelte Menge in dem
Tempel auf ihren Knien zitterte, erschien urplözlich auf seinem Altar Wischnu
selbst —

Lord. Ei! in höchsteigner Person!

Ka-

Kalidar. Ein Wink von ihm, und das Ungewitter verstummte. Volk! rief er dann, was wollen deine Gebete von mir?

Lord. Was werden sie wollen? Ruhe!

Kalidar. So war's. Indessen sich die Menge in stummer Ehrfurcht neigt, antwortet der Kühnsten, doch — sezt die Kronik hinzu, lieber Herr — nicht der Klügsten einer —

Lord. Man mus es mit den Kroniken nicht so genau nehmen —

Kalidar. Behüte! wo käme sonst die Geschichte hin!

Lord. Vergiß nicht, daß du dem wartenden Wischnu noch eine Antwort schuldest —

Kalidar. Wir flehen, sagte der Mann der Kronik, du wollest unserm Rajah die Macht verleihen, den Sturm zu bändigen.

Lord. Höre, Kalidar, der Mensch traf's auf dem rechten Flekke —

Kalidar. Wischnu schwieg, in ernster Majestät sinnend —

Lord. Freilich! der Sturm gehörte zu seinen Regalien.

Ka=

Kalidar. Erst sah er um sich her, ob alle Stumme mit dem kühnen Sprecher einverstanden seien —

Lord. Der gute Wischnu hat seinen Rechtspunkt inne, wie es scheint.

Kalidar. Wie er nun alle Lippen versiegelt, aber den Ausdruk des Flehens in aller Augen und emporgehobenen Händen wahrnahm, da hob auch er warnend die mächtige Rechte —

Lord. Etwas schwer von Entschluß ist er doch!

Kalidar. Indier, rief er, besinnt euch wol! Geb' ich dem Rajah Gewalt über den Sturm, so gehört ihm auch die Luft, welche ihr zum Athmen, zum Leben braucht!

Lord (betroffen). Wie!

Kalidar. Herr!

Lord. Die Luft!

Kalidar. Das Volk —

Lord. Laß' das! Sage mir noch einmal, wie war es mit der Luft?

Kalidar. Wischnu meinte, daß———

Lord (aufspringend). Schon recht! Laß vorfahren! Ich will mich kleiden! Geschwinde!

Ka=

Kalidar. Herr! wohin?

Lord. In's Parlament!

Kalidar (entzükt, sich fassend). In's —?

Lord. Hörst du nicht, in's Parlament!

Kalidar. Gleich, Herr?

Lord. "Geb' ich dem Rajah Gewalt über den Sturm, so" —

Kalidar. "Gehört ihm auch die Luft, welche ihr zum Athmen, zum Leben braucht".

Lord. So war's — und du eilst nicht? — Luft! Luft — wahrlich keine Kleinigkeit. Nur hurtig, das erste Kleid das beste! — Luft — ja, die mus man behalten — Bist du noch nicht fertig?

Kalidar. Alles ist bereit, Herr!

Lord. Ich will lesen — ich will denken, sprechen, mich rühren, arbeiten — (Er wirft die Kissen vom Sofa). Herunter, Trägheit! Auf, auf, es gilt die Luft zum Athmen, zum Leben! (Er eilt hinweg).

Kalidar (ihm nachjubelnd). Ha, guter, edler Herr! Nun — nun bist du!

———

16. Jul-

16.

Duldung.

———

Die hohe Eiche beschattete den Schläfer, der Schläfer träumte, und sprach im Traume.

Wie sollte ich nicht dir den Vorzug geben, sagte er, du sanftes, geschmeidiges und süßes Zukkerrohr? Lasse du nur ruhig die Eiche prahlen, soviel und so lange sie will — besteht doch ihr einzig Gut in Stärke und Stolz; du aber bist reich, hold, süß und geliebt.

In meinem Schatten lästert er mich, flüsterte die Eiche; o menschlicher Undank! Ob ich ihn mit einem fallenden Aste zerschmettere? oder, — ihn mit meinen Früchten behagle? — oder ihm wenigstens den süßen Schlaf raube, dessen er nicht würdig ist?' — Nein, beschloß sie nach einer Pause, er räumte mir Stärke und Stolz ein; zwei edle Besizthümer. Und wahrlich! der Stärke Stolz ist es, die Schwäche zu schonen, zu dulden, zu schüzzen!

Ein

Ein hehres Rauschen wisperte durch die
Fülle der Blätter, und des Träumers Schlaf
blieb ungestöhrt.

17.

Die Wahl.

Wählt, sagte Pomona zu dem Eichhörnchen
und dem Insekt — grün ist noch die Hasel-
nuß, unschmakhaft ihr Kern, sein Wachs-
thum noch lange nicht vollendet — Was kann
sie euch jezt sein? Laßt ihr aber die herbe
Unreife, so lohnt einst der Geduld süßer
Genuß.

Weise gesprochen! erwiederten beide.
Die Nuß blieb am Strauche hangen, das
Eichhörnchen war in wenig Säzzen weit davon, Pomona schied ruhig, nur das Insekt
blieb unbemerkt und unverdächtig zurük. Be-
dachtsam verlies es die Gegend nicht, bis
alles ruhig war; dann stahl es seine Eier in
die noch weiche Frucht, die Brut zehrte die
reifende langsam und behaglich auf, und entfloh

floh aus dem kleinen Luftloche, der ersten Oeffnung, als die Zeit zur weitern Wanderung herankam.

Pomona und das Eichhörnchen kehrten im Herbste wieder; hastig raspelte dieses die lang ersehnte Gabe der Göttin auf, und fand — sie leer, aber unverkennbare Spuren des heimtükkischen Insektes.

So hat das Elende unsere Wahl erfüllt! rief der kleine Baumspringer entrüstet. Sei ruhig, mein Kind, tröstete Pomona, dafür kroch es. — Lass' ihm Fluch und Freude der Niedrigkeit; du schwingst dich frei und kekk auf hohen Baumgipfeln unter dem Lazurgewölb' der Schöpfung.

18.

Das Veilchen.

Die Pflanzen und Blumen beschlossen, sich eine Königin zu erkiesen. Haben nicht, sagten sie unter sich, die Thiere auf Erden den Löwen, den Adler die Vögel, die Fische den Wall-

Wallfisch? — warum sollen wir nicht auch
das Recht besizzen, uns ein Oberhaupt zu
geben, und die Freude haben, eine aus un=
serm Mittel mit hoher Würde zu schmükken?

Der Tag wurde angesezt, die Berathun=
gen begannen. Ruhiger, als bei jeder ähn=
lichen Gelegenheit, gieng es zwar hier zu,
weil niemand von seiner Stelle konnte; doch
das Flüstern, Hin= und Herfragen, und Ant=
wortgeschwirre nahm kein Ende.

Die Rose, die Lilie, die Nelke hatten
die stärkste Partheien für sich; man zweifelte
nicht mehr, daß auf eine der schönen drei
die Wahl fallen werde.

Plözlich erfüllte sich der Garten mit
Menschen, die alle nach einem Flekke hin=
eilten. Mädchen mit thränenden Augen,
schmachtende Jünglinge, alle Lauren und Pe=
trarche der Gegend versammelten sich dort,
und brachten Zähren, Seufzer, Küsse und
Verschen zum Opfer.

Was ist's? fragten sich die Blumen un=
tereinander, indem sie die Häupter begierig
emporhuben. Den nächststehenden war die
Entdekkung gelungen, sie theilten sie schnell
mit,

mit, von Beet' zu Beete flog im Flüstern
die Nachricht: Das Veilchen ist es — die
Menschen vergöttern das sanfte, holde, schüchtern in sich geschmiegte Veilchen!

Das unbekannte Veilchen, sagte das
Blumenvolk, und wiegte nachdenklich die
Köpfe. Ei! ei! wer hätte das gedacht! —
Es mus doch wol bedeutender sein, als es
scheint! — Ja! beschlossen sie, das Veilchen
soll unsere Königin werden! —

19.

Amors Zuflucht.

Freundliche Mönate hindurch war Lilla von
Amor umflattert, aber ach! plözlich schikte
sie — die Geschichte nennt das Warum nicht
— den Lieblichen fort. Vergebens flehte er
zu den niedlichen Füsen, wölbte vergebens
zum süsen Trozze den Rosenmund, und vertauschte dann wieder umsonst den Stolz gegen sanftes Schmeicheln; das schöne Mäd-
chenauge glühte Unmuth, Groll sprachen die

zier-

zierliche Lippen, und ewige Verbannung
hies, von den Blikken bestättigt, ihr Ausspruch.

Da floh er seufzend, doch leise floh die
Hoffnung zu seiner Seite; hat sie ihm das
Schiksal nicht zur Gefährtin erschaffen? Listig
wischt er die Thräne des Kummers von der
Wange, und in den Grübchen lächeln heimliche Plane des Siegs. Ein flüsternd Ge-
spräch mit der Gefärtin beginnt; die Hoffnung winkt, und Amor handelt.

Zuerst lispelt er im duftenden West' um
Lilla, in der Laube rauscht er um sie, und
schneit als Blühte auf sie herab; den Lau-
schenden pflükt sie in der Purpurrose, aus
dem Silberquell murmelt er ihr freundlich
zu. Doch sie flieht duftenden West, Laube
und Blühten, wirft die Rose hinweg, und
meidet das Geschwä; des Quelles. Da erreicht sie der Verbannte noch im Hauch der
Echo, aber sie schließt den klagenden Mund,
und der Hauch verstummt mit ihr.

Frevlerin! ruft der erzürnte Gott; ich
finde dich, Mädchen! flieh du nur trozzend
vor mir, ich finde dich siegend.

Der Mond schaut lieblich vom Abend-
himmel in Lilla's Gemach, und Amor schwirrt
plappernd als Kammermädchen um sie her:
freundlich glüht das schöne Mädchenaug, die
zierliche Lippen kosen, und der Ausspruch
der Verbannung ist wiederrufen.

20.

Der Wettstreit am Schenktisch.

Bescheide dich, sprach der Kristallbecher zum
goldnen Pokal, und erkenne nur ruhig meine
Vorzüge an. Reines Wasser kredenze ich den
nüchternen Lippen, indessen du schäumendes
Gift nach den Gehirnkammern des Schwel-
gers sendest.

Lieber Becher, versezte der Pokal, das
schäumendste Gift ist oft nicht so schlimm,
als das still schleichende.

Und seit wann wäre das erquikkende
Wasser vergiftend?

Das Wasser nicht, Nachbar, aber der
Stolz ist's: mag immerhin das flüssige Gold

aus

aus meinem gediegnen Kelche Viertelstunden
von Thorheit hervorbringen — die klare
Weisheit, die in deiner durchsichtigen Hülle
wohnt, ist —, mit Eitelkeit vermischt — nicht
so rein, als du wähnst.

Brav, ihr Filosofen! rief der sokratische
Zecher, welcher eben dem Schenktisch nahte:
ich will euch vereinigen! und so mischte er
das Silber der Quelle mit Bachus Gold.

21.

F i n d e n.

———

Zu dem einsiedlerischen Tauber drängte sich
die gefallsüchtige Spiegeltaube, und sprach:
Sieh, wie ich niedlich bin.

Dann kam die kikkernde Lachtaube. Freue
dich mit mir des Lebens, rief sie.

Die eitle Pfautaube nahte zulezt, und
blikte, ohne zu sprechen, auf ihr stolzes Rad
und auf ihn.

Der Einsiedler wandte das ernste Auge
von den Besucherinnen ab, und schwieg. Am

bal-

balſamiſchen Abend ſchwebte die ſanfte Klage
der zärtlichen Turteltaube, die um keinen
Hörer wuſte, zu ihm herüber. Gerührt und
fortgezogen folgte er dem ſüſen Tone, fand
die Holde, und blieb nun nicht mehr einſam.

22.

Widerlegung.

Wenn du wolltest, ſprach Theon zu ſeinem
Waffenbruder, wir könnten uns einen groſen, vielleicht einen unſterblichen Namen
machen. Architas, der hieoben, Menander,
der dort gegenüber den Befehl führt, beide
irren offenbar in der Ausführung. Sei es
Furcht, oder falſche Beſonnenheit, aber dieſer, der vordringen ſollte, weicht; und ob
jener von Zweifel oder von Eigenſinn feſt-
gehalten wird, das weis ich nicht, doch ſeine Stellung verbände ihn, den Feind zu
umgehn. Laß uns ihre Fehler für unſern
Ruhm nüzzen.

Wir

Wir sollen diese Stelle bewachen, erwiederte der ernste Moron.

Aber kein Feind denkt an uns!

So laß' uns des Feindes im Innern denken.

Jene verderben alles. —

Wir schüzzen unsere Pflicht!

23.

Die Ausstattung.

Der Jüngling stand mit feuchtem Blikke nach innen, mit lüsternem nach auffen, auf der Schwelle der Vaterhütte. Freundlich lächelte der Greis der jugendlichen Begierde zu, indeffen er die Thräne des Sohnes troknete.

Lebe wol, befter Vater, rief der Scheidende.

Warte und nimm, sprach der Greis.

Der Sohn harrte neugierig.

Hier, fuhr der Alte fort, indem er aus der kleinen Vorrathskammer trat. — Zwar

bin

bin ich arm, aber hieran kann dir genügen.
Dies dekke dich — er legte ihm einen guten
Mantel um die Schultern — vor dem Ungestüm der Witterung; diese — er drükte ihm
die Weltgeschichte in die Hand — lehre dich,
die Menschen ertragen.

24.

Filanthropie.

Der Lord. Diese Wasserleitung wird
für die ganze Grafschaft von dem höchsten
Nuzzen sein.

Sein alter Hofmeister. Und viel —
viel kosten.

Lord. Auf treffliche Zinsen gelegt! Wie
gefällt Ihnen mein neuer Meierhof?

Hofmeister. Eine wahre praktische
Akademie aller neuen Bereicherungen der
Kultur.

Lord. Und meine Fabrik?

Hofmeister. Sie macht eine Menge
Menschen leben, doch — —

Lord.

Lord. Zweifeln Sie an meinem Gewinne! Nu — Menschenleben ist doch wol kein geringhaltiges Produkt.

Hofmeister. Ich habe auch Eurer Lordschaft Anlagen im Park gesehn —

Lord. Wahrhaftig! Sie rühriger Alter! Das freut mich und ist mir leid zugleich. Ich hatte mir's als ein Fest gedacht, Sie allenthalben selbst herumzuführen: doch — wir können die Reise noch mehr als einmal vornehmen. Aber, haben Sie auch wirklich alles gesehn?

Hofmeister. Vielleicht — zuerst das neue Prachtgebäude —

Lord. Palladio's werth? nicht so?

Hofmeister. Fürstlich. Dann den Tempel Neptuns —

Lord. Was sagen Sie zu meinen Kaskaden?

Hofmeister. Aecht schweizerisch. Den Tempel Merkurs —

Lord. Die natürliche Musterkarte all' unserer Kunstprodukte, dies lebendige Monument der Nazionalindustrie, was halten Sie davon?

Hofmeister. Ein herrlicher, wenn
gleich

gleich — sehr theurer Gedanke! Ihre Anti-
kenſammlung —

Lord. Koſtet mir zwar viel moderne
Guineen — aber nicht wahr, guter Dechant,
ſie iſt vortrefflich?

Hofmeiſter. Einzig — Ihre Gemälde,
Ihre Statüen —

Lord. Langſam! langſam! Da müſſen
Sie mir noch oft hin —

Hofmeiſter. Ihre Bibliothek —

Lord. Ihre künftige Wohnung! Hab'
ich's errathen?

Hofmeiſter. Wie gerne! Nur eins
ſah ich noch nicht —

Lord. Wie ſo! Etwa meine Kupfer-
ſtiche?

Hofmeiſter. Doch! — Ich meine —
Ihre —

Lord. Nun?

Hofmeiſter. Ihre Gläubiger!

Lord (betroffen, faßt ſich wieder). Pah! ich
bin ein Filanthrop, befördere alles Gute, und
geh' ins Große.

Hofmeiſter. Erſt im Einzeln gerecht, dann Filantrop im Ganzen!

———

25. Der

25.

Der Elefant und sein Führer.

———

Stolz, wie ein Mensch, der klein wäre,
säse er nicht hoch, brüstete sich der Führer
eines Elefanten auf dem Rükken des edlen
Thieres; indessen dieses selbst einfach und
unbefangen fortschritt.

Dort spielt ein Haufe unachtsamer Kinder, rief der kleinliche Kormak herab — auf!
unter sie hin, und schrekke sie.

Der Elefant warf einen Seitenblik nach
dem Führer, welchen dieser nicht verstand,
sezte dann ruhig seinen Weg fort, und langsam genug, um die tändelnde Kinder nicht
zu verjagen. In der Nähe des hüpfenden
Haufens stand er still, sah ihm ein Weilchen
freundlich zu, ergriff dann, plözlich ein Paar
Schritte vorwärts gehend, den Jüngsten aus
der Zahl mit dem Rüssel, und sezte ihn dem
Kormak auf den Schoos.

Sei ruhig, rief er dem sich Sträuben-
den zu, oder ich werfe dich ab, und zertrete
dich:

dich: du verdienst, einen Kleinern über dir
zu dulden; nur um diesen Preis sicherst du
meine Nachsicht mit der Schmach, dich zu
ertragen.

26.

Der Meilenzeiger.

Dort sprudelt die Quelle aus dem Felsen,
sagte das freundliche Hirtenmädchen dem
Jüngling' in bestaubten Reisekleidern.

Der Reisende blikte dem niedlichen Finger nach, und seufzte.

Warum so traurig, mein Guter? fragte
das Mädchen, und strich sich lächelnd die
braunen Haare aus der weissen Stirne.

Die Wolken ziehn, die Sonne sinkt,
und der Sturm erhebt sich: schon pfeift er
über die Haide — bis ich jenen Felsen er-
reiche, sink' ich vor Mattigkeit um. Gieb
mir der Milch von deiner Heerde.

Fern ist die Heerde, Jüngling; ich komme
weit von hier aus dem Walde, sie zu suchen,
und finde sie schon heimgekehrt.

So

So haſt du vielleicht im Walde kühlende Erdbeeren geſammelt?

Ich hatte ſie wechſelweiſe geſammelt, und zu meiner Labung gepflükt; doch meinen Vorrath erſchöpfte ſchon ein armer alter Wanderer, den ich jammernd bei'm Ausgange des Waldes fand.

O ich Unglüklicher! jammerte nun ſelbſt der träge Jüngling.

Du biſt's, rief das Mädchen, plözlich zur ſtrahlenden Fee werdend, und berührte ihn mit dem magiſchen Hirtenſtabe: bleibe, was du biſt, Unthätiger, aber lerne das einzige nüzzen, was du vermagſt, lerne — warnen!

Er erſtarrte zum Meilenzeiger.

27.

Antitheſe.

———

Der Adjutant. Finden wir uns hier, la Broche?

Der Koch. In einerlei Abſicht?

Ab=

Adjutant. Ich komme, den General um meine Entlassung zu bitten.

Koch. Und ich um meinen Abschied.

Adjutant. Ist er nicht so — behutsam, daß wir den Feind gar nicht zu sehn bekommen?

Koch. Und so sparsam, daß ein Spartaner am besten in seine Küche taugte?

Adjutant. Seine Husaren müssen Hasen jagen —

Koch. Die ich nicht an den Spies bekomme, denn sie werden verkauft.

Der General (eintretend). Du willst fort, La Broche?

Koch. Halten zu Gnaden — ja!

General. Und Sie, Herr Lieutenant?

Adjutant. Halten zu Gnaden — ich möchte mich um Versezzung melden.

General. Wartet wenigstens bis zum Frieden, ihr Herrn!

Koch. Da fürcht' ich meine Kunst — zu verlernen.

Adjutant. Und ich möchte gern' die meinige — erlernen.

———

28. Die

28.

Die Granatkörner.

Proserpina konnte sich nicht trösten, daß sie ihrer Lüsternheit nach dem fatalen Granat- apfel die ewige Fesseln des Orkus verdankte. Zwar theilte sie einen Thron, doch dunkle Schatten hüllten ihn ein; zwar vergiebt sich's sonst dem geliebten Entführer so süs, aber ihr Räuber war nicht geliebt, und der Höl- lengott!

Da warf sie in ihrem Kummer die übri- ge Granatkörner mit mächtiger Schnellkraft des Olimps nach der Erde: neugierige Esse- rinnen faßten sie auf, und verzehrten sie lustig. Aber ach! kaum war die Unglüks- frucht genossen, als eine unwiderstehliche Gewalt sie aus den Armen der Ihrigen, und zu dem unterirrdischen Reiche hinabriß. Je- der Kern brachte seine Beute; entzükt sah Proserpina die Schaar der Unglüksgefähr- tinnen um sich versammelt. Trost! lächelte sie trübe, wenn ich bleiben mus; und sollen

die-

diese zurük nach der Heimath, Stuffen zu meiner eignen Rükkehr.

Alle verzweifelnde Mütter, Väter, Schwestern und Liebhaber vereinigten sich nun mit der jammernden Zeres; Jupiter konnte sich nicht mehr der Bitten erwehren, Pluto muste der Feinheit nachgeben, und Proserpina erhielt in Gesellschaft, was sie einzeln nicht hoffen durfte — die Erlaubnis, einen Theil des Jahres wieder auf der Oberwelt zuzubringen.

29.

Der seltne Pfennig.

Zwei gleich geizige Brüder hatten denselben Traum. Freundlich lächelnd erschien ihnen ein Genius im goldnen Gewande, und sprach: Auf dem Gipfel des Hekla liegt der seltne Pfennig, dessen Berührung jeden Werth verhundertfacht. Stehe auf von deinem Lager, und wandle nach Hekla's Spizze: dort zeigt dir ein glänzender Karfunkel die nicht tiefe Berg-

Bergkluft, in welcher der köſtliche Talisman
auf weichem Goldſtoffe ruht — einſt war auch
dieſer ſchlechtes Moos. Gehe hin, hebe den
Schazz, und nüzze ihn.

Beide Brüder hatten ihre Gedanken über
den Traum, aber kein Vertrauen gegeneinan-
der. Einſam lebten ſie, abgekehrt waren ihre
Herzen, oder vielmehr ihre Herzkammern;
die einzige leere Vorrathsbehälter in ihrem
Hauſe.

Der jüngere ſperrte Kiſten und Kaſten
auf, überſchlug die Koſten der Reiſe, den
Gewinn des Wageſtüks, und beſchloſſ, zu
bleiben. Mein Gold, ſprach er, lächelt mich
viel, viel freundlicher an, als die Hoffnung.

Der ältere rechnete aus, was er beſiz-
zen würde, wenn ſein jezziger Reichthum
hundertfach in den eiſernen Truhen läge, und
gerieth über die Sicherheit ſeiner künftigen
Spekulazionen in Entzükken; denn, rief er
aus, und rieb ſich die Hände, denn giebt
es eine einfachere Verrichtung, als das Berühren des Talismans? Ich darf mit nie-
manden mehr theilen, ich darf keine Provi-
ſion, keine Prozente bezahlen — nur wol-

len

len darf ich)! O wahrhaft goldne Zeit, die
meiner wartet!

Der eine Träumer blieb, und verhunger-
te auf den bewahrten Kisten; der andere wanderte, nachdem er die seinigen geöffnet hatte, um Reisekosten, Seefahrt und Bergbah-
nen zu bestreiten, und stürzte von der vor-
lezten Klippe vor Hekla's Gipfel in den Abgrund.

Der seltne Pfennig war für beide uner-
reichbar, und der gute Genius für schlimmen
Sinn zum bösen geworden.

Viertes

Viertes Buch.

Das Meermädchen.

Der Sturm braußte, das Ungewitter tobte, Blizze zischten und Donner rollten; mit dem Getöse der Natur mischte sich der Tumult der Menschen, mit der Empörung der Elemente das Toben der Kunst. Die Seeschlacht entzündete ihre tausend Feuerschlünde, der Tod wiegte sich auf zerbrechlichen Brettern, die Pulverflamme schlängelte sich zwischen Wolkenglut und Wogenschaum. Alles, was Leben hatte, und nicht sein Leben auf das Spiel des Kampfes sezte floh: Grausen umschwebte die bewegliche Welten, auf welchen der Tod schnaubte und verschlang: jeder Odem schien da zu erstarren, wo die Wuth mit der Verzweiflung um den Preis rang.

Da ſtürzte ein hoffnungsvoller Jüngling aus dem Gewühl des Kampfes in die kochende Wellen; der Freundſchaft Schrei folgte ihm, aber Pflichtruf und Unmöglichkeit riſſen die Sehnſucht vom Verluſte.

Doch war der Hinabgeſtürzte nicht verlohren; freundlich und hilfreich hatte ihn ein Meermädchen aufgefangen, und nach der Tiefe in ihre ſichere Freiſtätte gebracht. Dort legte ſie ihn auf weich gepolſtertes

Ohnmächtigen, und erquikte den wieder Erwachenden. Ruhe und Geſundheit kehrten unter der milden Pflege zu ihm zurük; Freundſchaft und Liebe füllten ſein Herz aus.

Er war geneſen, das holde Meermädchen, die Retterin ſeines Lebens, ſollte auch die Beglükkerin dieſes wiedergegebenen Lebens werden. — Wirſt du nie die Oberwelt vermiſſen? fragte ſie ſanft. Nie, erwiederte der Jüngling, ſolang' ich mein Vaterland ſiegreich und ſicher weis. — Du ſiehſt mich bald wieder, liſpelte ſie, und verſchwand.

Nach wenig Stunden war ſie zurük, und brachte ihrem Geliebten überzeugende Beweiſe,

se, daß die Seeschlacht gewonnen, der Krieg
geendigt, sein Vaterland ruhig sei. Er reich=
te ihr dankbar und zärtlich die Hand; ihr
Bund war geschlossen, ihr Glük namenlos.

Zehn Jahre verschwanden. Der Krieg
erneuerte den Tumult der Wellen, die holde
Meerfrau verbarg dem Geliebten ihre Thrä=
nen, doch diese Nachricht nicht: sie hatte es
versprochen. Er riß sich kummervoll aus den
Armen der Liebe, denn er liebte sie innig;
er flog zu der Flotte, denn es galt sein Va=
terland: Eine Erzählung vom Aufenthalt' in
fernen Pflanzungen beruhigte die Waffenbrü=
der, welche das Wiedersehn schon entzükt
hatte. Der Kampf begann, der Sohn des
Vaterlandes focht, der Held fiel: seine Leiche
wurde dem Seegrabe zu Theil, und schwamm
den Armen der Geliebten zu. In Thränen
zerfloß sie über ihn, in zärtlicher Liebe ge=
dachte sie seiner, aber sehnsuchtsvoll nach ih=
rem Glükke zurüksehend, bereute sie doch nie,
treu für des Geliebten Pflicht und Glük sich
aufgeopfert zu haben.

2.

Hausgenossenschaft.

————

Ein braver Mann hatte, aus Ueberzeugung einen wakkern Hund, aus Gewohnheit eine pfiffige Kazze zu Haus= und Stubengenossen. As er, so saßen sie rechts und links neben ihm: ruhig Erdmann, der Hund, begehrlich Alekto die Kazze; aber mit beiden theilte er sein Mahl, und sie theilten den Bissen mit ihm — dankbar wedelnd Erdmann, lüstern die Schnauze lekkend Alekto.

Auch seine Schläfstätte theilte er mit ih= nen; doch gewöhnlich fand sich am Morgen Alekto in die Federn eingedrängt, indessen der treue, genügsame Erdmann dem Bette gegenüber, und die Augen auf des Herrn Angesicht heftend, an dem Boden lag. Der Herr lobte Erdmann, und ließ ihn am Boden liegen: er tadelte Alekto, aber schwieg, wenn er sie den nächsten Morgen wieder im Bette fand.

Einst

Einst machte er einen Spaziergang, seine
zwei beständige Gefährten begleiteten ihn.
Ein Paar Räuber stürmten plözlich aus dem
Busche, Erdmann ihnen entgegen, Alekto auf
den nächsten Baum. Erst wie Erdmann rö-
chelnd an der Erde sich wand, und der gute
Herr beraubt und todt in seinem Blute lag,
stieg die falsche Kazze aus ihrem Schlupf-
winkel herab, und schmaußte, der Güte und
Freundschaft vergessend, an Herrn und Genossen.

3.

Der Moment.

Der Löwe begab sich, man weis nicht recht
warum, auf einige Tage in die tiefste Einsamkeit: niemand durfte ihn unterbrechen.
Sparsame Kost muste vor den Eingang der
Höhle gestellt werden; alle Geschäfte ruhten,
und alle Muthmasungen bewegten sich.
Der Affe, die Gans und der Maulesel
legten sich auf Kundschaft; der lezte hielt sich
für

für sehr klug, weil er Pferde in seinem
Stammbaum' hatte, die zweite war bekannt-
lich immer stolz auf ihre Abkunft von den
kapitolinischen Vögeln, und der erste hatte
beide gerne zum Besten, wobei er sich immer
das gute Körnchen aus ihren Nachrichten zu
erspähen wuste, indem er ihnen wegen der
vielen Spreu, die sich dabei fand, kekk alles
Verdienst ablachte.

Der Löwe hatte sich schlaflos gearbeitet,
erzählte die Gans am Ende ihrer Nachfor-
schungen; jezt braucht er die Schlummerkur,
und hat sich deshalb die neuesten Werke des
— Uhus mitgenommen. — Bitt' um Vergebung, gnädige Nachbarin, betheuerte der
Maulesel, man hat Sie falsch berichtet. Ein
grosses Geschäft ist vor, und der Monarch
rüstet sich in tiefem Nachdenken dazu: auch
hat die Höhle einen verborgnen Zugang,
durch welchen der Fuchs fleisig aus- und ein-
schlüpfen soll.

Haha! dachte der Affe, wie er diese
Nachrichten anhörte, der Löwe hat Langeweile, und die Höhle ein Loch. Ich weis jez
genug. Damit beurlaubte er sich von Dam

Gelb-

Gelbſchnabel und Meiſter Spizohr, lies ſie
ihr Geplauder und ihre Erkundigungen fort-
ſezzen, und ſuchte behende der Höhle in den
Rükken zu kommen.

Man vermiſſte ihn die nächſtfolgenden
Tage über, dagegen wurde der Fuchs ſicht-
bar. Die Aeffin und ihre Junge äuſſerten
eben ſo laut ihre Unruhe, als dieſer die ſei-
nige zu verbergen ſuchte, und Gans und
Maulthier hatten unendlich viel zu tröſten,
zu fragen, zu rathen, ohne daß jemanden
oder ihnen ſelbſt damit geholfen wurde. Die
Wahrheit von der Sache beſtand darinn, daß
der Fuchs die Oeffnung der Höhle nicht mehr
fand, als der Affe ſie gefunden hatte.

Die Zeit der Löwenruhe war vorüber:
der Herr trat aus der Höhle, und — wer
ſchildert das allgemeine Erſtaunen! — der Affe
hinter ihm. Er war zur rechten Stunde gekommen, um den Spleen des Königs zu beſchwören; ſeine Sprünge und Frazzen erſez-
ten ſehr erwünſcht die verdrüßlichen Geſchäfte
des Fuchſes; ſo wurde die Hinterthüre der
Einſamkeit, welche der Scherz theilte, dem
Ernſte verrammelt, die erſte Neuigkeit der

Wie=

Wiedererscheinung bestand in der Favoriten-
schaft des Affen.

4.

Kohle und Scheit.

Aus dem Meiler kam die Kohle; als sie an
dem grünen, thauigen Boden hinrasselte,
schrie ihr das frische, kaum gebohrne Scheit
entgegen: Wie häßlich bist du, wie schwarz,
wie verbrannt und dürftig gegen mich, jüngsten, kräftigsten Sohn des Waldes! — Nur
gemach, Freund! antwortete die Kohle, wir
sprechen uns wieder!

Sie wurden auf denselben Wagen gela-
den, und zur Residenz gebracht. Schnell genug bemächtigte sich der Koch mit seinen Ge-
hilfen der Kohle und ihrer schwarzen glänzenden Schwestern, indessen sie den rohen
Waldsohn samt Brüdern den Hausknechten
überliessen.

Lebe wol, und bringe dein Leben im Ge-
sindeofen zu, rief ihm die Kohle nach, ich
gehe

gehe nach der Küche, und unmittelbar unter die Kasserolle, worinn des Fürsten Lieblingsgerichte bereitet werden.

Ein junger Baum, der noch in vollem freien Waldleben stand, hatte den frühen Streit der beiden gehört, und vernahm nun, bei der Rükkehr des Fuhrmanns, auch die Entscheidung ihres endlichen Schiksales. Lächerliche Dinger! sagte er im behaglichen Gefühle seines unabhängigen Daseins vor sich hin — seid ihr zum Feuer verdammt, so ist es wahrlich gleichviel, wo! Ich lobe mir das Leben in Gottes freier Luft.

5.

Hilfe aus dem Stegreif.

Der Mann aus dem Parterre. Nun wie ist's gegangen, mein Guter?

Der Schöngeist. So, so!

Mann a. d. Part. Sie scheinen nicht ganz zufrieden?

Schön

Schöngeist. Doch, doch!—Man muß
ja Geduld haben.

Mann a. d. Part. Also Ausstellungen?

Schöngeist. Hie und da: im Grunde
fand man mein Lustspiel vortreflich —

Mann a. d. Part. O! Morgen= Mit=
tag= Abend= und Nachtzeitungen werden es,
müssen es aus einem Munde loben —

Schöngeist. Und doch tadelt man an
dem Plane!

Mann a. d. Part. Was Sie sagen!
An dem Plane! welches Zeitalter!

Schöngeist. Da ist aber bald gehol=
fen, übrigens —

Mann a. d. Part. Sie richten mich
auf! Werden Sie den Undankbaren zu Liebe
das Stük umarbeiten?

Schöngeist. Bewahre! das wäre Feig=
heit!

Mann a. d. Part. Edel!

Schöngeist. Ich werde —

Mann a. d. Part. Eine Widerlegung
herausgeben?

Schöngeist. O! es geht viel leichter!
Ich werde —

Mann

Mann a. d. Part. Eine Selbstrezension fertigen?

Schöngeist. Mit nichten! Ich mache —

Mann a. d. Part. Es das nächstemal besser?

Schöngeist. Den fünften Akt zum ersten!

Mann a. d. Part. Brav! nur ist der Zug beinah zu heroisch für ein Lustspiel.

Schöngeist. Irrthum auf allen Ekken! kann es künftig heisen, und so bleibt der Zug ächt komisch.

Mann a. d. Part. Oder Geständnisse eines Verfassers — so bleibt er einzig!

6.

Isegrim.

Herr! sagte der treue Filar, und seine Augen glühten — Herr! Isegrim ist unter der Heerde.

Du träumst, versezte der Hirt.

Ich

Ich träume nicht, Herr! Siehst du ihn denn nicht dort im Schafpelz' umherschleichen? Schau nur, wie er die Augen niederschlägt, und heimlich die Zähne fletscht! Er würgt' gewis in dieser Nacht die halbe Heerde, wenn wir uns nicht wahren.

Filax! bist du toll? das Ungeheuer, welches du meinst, ist ja einer unserer besten Hämmel.

Darf ich ihn anpakken? brummte Filax: dann sollst du gleich das wahre Gesicht sehn.

Unterfange dich's nicht! rief der Hirt verbietend.

Bekümmert und unwillig warf sich der ehrliche Filax nieder, den Kopf auf die Vorderpfoten kauernd, und mit wachsamen Augen dem verkappten Feinde folgend. Da nahm er ein Volk Hühner wahr, das unter Anführung des stattlichen Haushahnes noch einen Abendspaziergang vom nahen Hof' in das Stoppelfeld herüber vornahm. Ein lichter Gedanke fliegt ihn an: er schleicht sich sachte hinweg, und hüllt sich in einen Fuchsbalg, der in der Hütte seines Herrn hieng; so verlarvt, kehrt er zur Heerde zurük. Der ver-

verkleidete Isegrim streft den zottichten Ham=
melskopf, wie er den sonderbaren Ankömm=
ling erblikt, welcher erst schleichend den Hüh=
nern naht, dann urplözlich räuberisch auf die
laut schreiende hinschießt.

Mächtige Gewalt des Beispiels! Ise=
grim vergißt, von ihr hingerissen, seiner Rol=
le und der noch zu frühen Zeit, und faßt
ein Schaf bei'm Schopfe: aber schnell wen=
det sich Reineke=Filax, den Heuchler haschend;
die Hüllen fallen, der treue Wächter ist ge=
rechtfertigt, und der überraschte Hirte dankt
ihm mit Blik, Mund und Herz.

7.

Der Mandelkern.

Die Schale warf dem Mandelkerne Undank
vor, daß er ihren Untergang veranlasse.
Man sucht dich auf, rief sie, und zum Dan=
ke dafür, daß ich dich schüzte und schirmte,
werd' ich — zu Grunde gerichtet.

Aber,

Aber, werb' ich nicht auch verschlukt? fragte mit dem sanftesten Tone der Verthei= digung der Kern.   Könnte ich nicht sagen, daß du mich nur für das Verderben gros. ziehest?

Du hast Recht! Ach! warum giebt es doch Menschen in der Welt! Sie wäre so schön, ohne diese lüsterne, nimmersatte Un= geheuer!

Ach! warum giebt es doch Schalen und Kerne in der Welt! seufzte eine nahe Blume. Mein schönes Dasein wird ihnen zum Opfer; sie stosen mich, undankbar aus demselben, mich, die ich sie freundlich und lieblich an= kündige!

Wie Schade! lispelte Nachbar Strauch auf der andern Seite, daß die Knospe nicht mehr hier ist, um auch über die Blume zu klagen!

8. Die

8.

Die Laren.

Das Heimchen saß am Heerde, und zirpte. Leise schlich die näschige Kazze heran, sah sich aufmerksam allenthalben um, schnupperte nach Bratenluft, und fand — o Jammer! die Luft nur zu rein, und von allen einlüsternden Dünsten frei. Verdrüslich zog sie die langsamen Schritte zurük; ärgerlich grinzte sie das Heimchen an: Wirst du nicht aufhören zu zirpen, kleiner Narr! der Heerd ist verwaist, und kein Schornstein raucht mehr.

Aber mein Andenken ist nicht verwaist, erwiederte das der Heimath treue Thier: ich hänge nicht am Topfe, nur am Heerde. Es gieng mir wol hier, und ich liebe die Hausgötter, die mir wolthaten.

Proteus.   14   9. Klau=

9.

Klausur.

Ich habe es überlegt, es geht nicht, sagte der Maulwurf trokken.

Wenn die jungen Leute nur der Besonnenheit des Alters glauben wollten! seufzte die Schildkröte.

Ach ja! ach ja! die Welt ist ohnehin so böse, winselte das Faulthier.

Aber ich will! ich vermag's! rief mit blizzenden Augen die kleine, rasche Eidexe — ich dank' euch für gute Meinung und die Mühe der Warnung, aber ich sehe, und Herr Maulwurf ist blind; ich laufe und Frau Schildkröte kriecht; ich wende und drehe mich, und Freund Faulthier ist immer aus einem Stükke. Mein Weg geht weiter — hier giebt es für mich keinen Trost.

Sie huschelte davon, und sties im dichten Grase auf eine Schnekke, die ungesehen und unbehülflich, stark genug war, die überraschte Rennerin straucheln und fallen

len zu machen; fallend verlezte sie sich in Nesseln.

O Zevs! rief die abgeschrekte mit nassen Augen — ich habe gesündigt, und werde bestraft: ich will Buse thun, der Schildkröte abbitten, dem Faulthier' gehörige Achtung beweisen, und zu dem Maulwurfe hinabsteigen; dort will ich in Dunkelheit und Selbstbetrachtung mein Leben zubringen.

Sei klug, mein Kind! lispelte die Schnekke; ich bin wie der Maulwurf blind, langsam wie die Schildkröte, doch — träge bin ich nicht. Schwer lastet dies Haus auf mir, der Spott der Menschen und Thiere noch schwerer auf diesem Hause, und doch schlepp' ich es täglich, und wenn gleich nur allmählich, doch zulezt weit. Du, Gewandte, Schlanke, Niedliche; krieche du weder in die Höhlen des Maulwurfes, noch laufe so unvorsichtig, daß ein Schnekkenhaus, welches dir zur Unzeit aufstößt, dich umwerfen möge.

Sei meine Freundin, bat die getröstete Eidexe.

Gerne!

Gerne! komme täglich zu mir, du wirst mich immer auf derselben Linie, aber mit jedem Tage vorgerükt finden. Die Klausur des Weisen ist in ihm selbst.

10.

Dreierlei Weise.

———

Sanft sog der Quell die Silbertropfen rings um sich her ein, und sprudelte sie klar und frisch aus dem glänzenden Gestein. Habsüchtig ergriff der Bach den Quell, und riß

war. Er begegnete dem schäumenden Waldstrom; zitternd wand sich der Kleingrose seitwärts; der Mächtige gieng seines Weges, ohne auf ihn zu achten, und fand ihn wieder, ohne ihn zu suchen, nahm ihn auf, ohne sich um ihn zu kümmern.

———

II. Ideen=

II.

Ideenverbindung.

Die Ideen empörten sich gegen den Verstand. Warum, sagten die kleine flüchtige Silfiden, sollen wir ewige Sklaven dieses schwerfälligen Zauberers sein, welcher ohne uns doch nichts ist? Wir sind in der gebrechlichen Hütte eingekehrt, die er bewohnt, und haben sie reichlich und schön eingerichtet: an unserm Leben entzündete sich erst das seinige, und nun will er mit uns schalten und walten, als wären wir seine Mägde. Er soll uns kennen lernen; wir wollen uns verbinden, und ihm widerstehn.

Sie brachten ihren Bund ohne den Verstand zusammen, aber hilf Himmel! wie hüpfte nun alles durcheinander, welch buntes, zufälliges Gewimmel entflammte den herbergenden Kopf: Fieber, Wahnsinn und Raserei folgten sich in schneller Entwiklung. Die gebrechliche Hütte wankte, die schöne Einrichtung stand in Gefahr: einmüthig er-

kann=

kannten die belehrte Silfiden, daß die Gewalt des Zauberers für so lebhafte Geister
unentbehrlich sei, sie ließen sich das salomo-
nische Siegel von neuem gefallen, und aus
dem Fieber wurde gesunde Begeisterung, aus
dem Wahnsinne Genialität, aus der Raserei
fruchtbares Schaffen.

12.

Die Einsiedler.

Die Göttin der Einsamkeit hörte in ihrer
ruhigen Klause von ohngefähr, sie besitze
drei Jünger auf Erden, welche sie mit stets
gleicher Inbrunst verehrten, und ihren Ruhm
durch stille Anhänglichkeit laut predigten.
Frau Fama erzählte ihr, nachdem die sonst
so ruhige Dame einmal neugierig geworden,
soviel davon, daß sie beschloß, mit eignen
Augen zu sehn, Mantel und Schleier über=
wärf, die leise Sokken umband, und an Ort
und Stelle schlich.

Sie

Sie blikte behutsam durch die Thürspalte des erſten Einſiedlers, und fand — auf weichem Láger das Faulthier ausgeſtrekt; gähnend, wenn es nicht ſchlief, und ſchlafend, wenn es nicht gähnte. Das iſt kein Jünger von mir, ſprach ſie kopfſchüttelnd, und ſchlich weiter.

Durch ein halb offnes Fenſter nahm ſie den zweiten Verehrer wahr, und — ſah den Affen, der behaglich vor dem Spiegel ſas, beſtändig Geſichter und Frazzen wechſelte, und ſich ſo wol gefiel, daß er gar nicht aufſtehn konnte. Abermals ſchüttelte ſie das Götterhaupt, und gieng von dannen, indem ſie halblaut klagte: Nur Fama kann ſo lügen!

Durch die Rizze einer Höhle entdekte ſie endlich die Eule, welche, ſtolz auf die Würde, Minervens Vogel zu heiſſen, über filoſofiſchen Träumen brütete, und eine beſſere Welt ſich ſchaffend, nach der wirklichen nur dann hinſah, wenn ſie mit ihr zu zanken Luſt empfand. Sie ſchüttelte den Kopf zum drittenmal, und kehrte nach der Heimath zurük.

Ihren

Ihren sinnvollen Flug hielt das himmlische Lied der Nachtigal auf: es zog sie mit sanfter Gewalt herunter. Im stillen Schooſe der Natur, umringt von Leben und Wahrheit, der Geliebten gegenüber, die Wirklichkeit mit dem holden Gesange verschönernd, ſo fand ſie den Sänger der innern Welt mit der äuſſern befreundet.

Das iſt mein Jünger! rief die Göttin entzükt; aber er bedarf keiner Fama!

13.

Morgenträume.

Der Feldherr. Das Scharmüzzel iſt gewonnen — auf! zur Schlacht!

Der Kaufmann. Glüklich! ſind die hunderttauſend eingethan! zur Million nun!

Der Staatsmann. Die Grafſchaft hätten wir erworben! dort liegt aber noch unſer Hauptwunſch, die ſchöne Provinz!

Der

Der Landmann. Was! mit dem halben Hofe sollt' ich zufrieden sein! der ganze gehört mir!

Die Dame. Zwei Empörer sind besiegt! doch trozt noch der dritte!

Der Handwerker. Schöne Rechnungen! wenn ich doch nur die Hoflieferung noch dazu hätte!

Der Schriftsteller. Meine Gedichte siegen — aber auch in der Prose muß die Palme mir werden!

Die Zeit (ihre Fakkel umkehrend). Der Traum erlischt; eure Zeit ist um!

Alle (jenseits). Wo sind wir! welche sonderbare Gespenster kommen uns entgegen?

Die Gespenster. Eure — unerfüllten Wünsche!

Die Zeit. Die Morgenträume des lezten Schlummers, die Quälgeister des ersten Wiedererwachens.

14.

Der fliehende Frühling.

Aus den schaffenden Händen Jupiters war der Frühling hervorgegangen: der mächtige Gott der Götter winkte Floren, und legte die Hand des blühenden Jünglings in die ihrige. Steigt hinab zur Erde, sprach er, und nehmt Besiz von ihr; mit Blumen schmükke du den jugendlichen Sohn der Schöpfung, o Flora; auf immer herrsche er über die Fluren, lächelnd wie er, und froh in deinen Geschenken mögen die Menschen auf ihnen wandeln; nicht forschend, von wannen ihr kommt, um die Zukunft unbekümmert, sollen sie frei und Seeligkeit ahnend, des Glükkes geniesen, bis Elisium sie zur Erfüllung der himmlischen Ahnungen aufnimmt.

Hold und gefeiert streuten die Ankömmlinge ihre Wonnen auf Erden aus: ein schuldloses, harmfreies Geschlecht umgab sie; unbekannt waren Wünsche und Erinnerungen;

gen; dem Augenblik blühten duftende Tempel, süsser Genuß war Andacht, und nur aus Blumen wurden Ketten gewunden.

Ernst stieg Zeres zur Erde: in der Linken hielt sie die goldne Garbe, in der Rechten die Sichel. Wollt ihr ewig nur tändeln? fragte sie Floren und ihren Schuzbefohlnen. Sättigen Blumen? bedarf es für den Menschen nur duftender Kräuter? Wirken soll er, arbeiten um zu säen, und erndtend arbeiten! Sie zeigte den neugierigen Söhnen der Erde ihre Aehren, lies sie die Körner kosten, und gab ihnen den Pflug. Das akkernde Eisen entwurzelte viel blühtenreiche Kinder Florens und des Frühlings. Ach! seufzten diese, die Menschen werden unseres sanften Reiches müde.

Pomona senkte sich der ernsten Zeres nach: ein Füllhorn köstlicher Früchte lag in ihrem Arme, Messer und Samenkerne waren in ihren Händen. Nur Bothen sollen die Blühten euch sein, rief sie den Erdesöhnen zu; nur verheisen sollen sie in lieblicher Gestalt; aber Zeres nährt, ich erquikke euch. — Begierig griffen die Menschen nach Pomonens

nens Gaben, eifrig lernten sie Bäume pflanzen und pflegen — mit Inbrunst flehten sie zu dem Vater der Götter um Sommer und Herbst, daß die Saaten der Zeres, die Früchte Pomonens reifen möchten.

Da erhob sich Vulkan in seiner unterirdischen Werkstätte, schüttelte unwillig das Haupt, und rief: Zevs, wenn du soviel Befriedigung den ungenügsamen Kindern der Erde einräumst, so gieb auch mir die Ruhezeit, daß ich meine verborgne Arbeit bestreiten, und die Kraft des Hervorbringens verjüngen kann. Wollen sie, die Lüsterne, Erndten, und nicht mehr Blumen allein, so mögen sie auch den Eispanzer des Winters tragen lernen.

Klagend sprach der Frühling: Sie verstosen mich; ach! das Schöne genügt ihnen nicht; laß' o Flora! lasse mich flieh'n! An Floras Hand sank er vor Jupiters Thron. Doch! rief er, die Hände faltend, doch, groser Zevs, lieb' ich sie noch, diese Menschen. Gieb mir Elisium zum Antheil; dort will ich die gesättigte Reinere mit nie unterbrochenen Wonnen empfangen: aber auf Erden sie nur —

be=

besuchen, und zwischen Spüren des Win-
ters, Furchen der Saat, und Mühen der
Erndten meine Blumen als Verheißung und
Trost streuen.

Zevs winkte Genehmigung, der Olimp
bebte, und dem fliehenden Frühling folgten
die Jahreszeiten auf der Erde: aber Elisiums
Pforte blieb ihnen verschlossen; dort herrschte ewig der Lenz.

15.

Die Fürbitterinnen.

Der Adler war in gerechtem Grimm' über
die Eule entbrannt. Die Elende! rief er,
für Minervens Vogel giebt sie sich aus, ver-
birgt sich vor dem allbelebenden Lichte des
Tages in Felsklüften, heuchelt tiefes Sinnen und unergründlichen Sinn; aber, wenn
die Nacht ihren Schleier an die Missethat
ausleiht, dann kriecht sie mit leuchtenden
Augen hervor, schwingt die Diebesfittiche,
krallt die unbekannten Fänge, und raubt
was

was ihr gelüſtet. Lange ſchon dauern Gleis-
nerei und Unfug; laut ſchallt die Klage über
geheime Verbrechen — ſie hat ſelbſt meine
Nachſicht gewürgt, nun falle auch ſie!

Klug und gewandt hatte die Eule ge-
ſucht, das Ungewitter zu beſchwören. Alle
kleine Vögel, die vor ihr zitterten, erſchie-
nen als Fürbitter; die mittlere ſuchten ſie
zu entſchuldigen, und laut vertraten Falken
und Geter ihre Sache, weil — ſie auch die
ihrige war. Der ehrliche Storch klapperte,
der ſchelmiſche Sperling zwitſcherte, die ſanfte Nachtigall flötete, der ſchlaue Rabe krächzte für ſie, und ganz beſonders noch drohte
der lezte mit dem Zorn' Minervens.

Mitleidig blikte der Adler auf den Storch,
gerührt auf Filomelen; des Sperlings achtete er nicht, und raſch fuhr er den Raben
an: Wer gleich mir des Vaters Blizze
trägt, wird ſich bei der göttlichen Tochter
zu rechtfertigen wiſſen; ſchweige und zittere,
du — Krächzer!

Das Schikſal der Eule ſchien entſchie-
den, als laut wirbelnd die Lerchen erſchie-
nen, und mit den zauberiſchen Frühtönen des

Tages

Tages inständig Gnade und Schonung für sie erflehten.

Der Adler blikte sie betroffen an. — Bisher, rief er nach einer Pause, bisher baten nur Furcht, Gutmüthigkeit oder Mitschuld; aber nun ihr kommt, ihr freundlichen, leicht= geflügelten Gäste des Morgens; ihr, die ein schneller Flug himmelan trägt, und Nachts das sichere Erdlager birgt, nun mit euch die Sorglosigkeit bittet, erkenn' ich die Gefahr, der Eule zu schonen, ganz, ganz ihre Arg= list. Jezt würde sie — wäre sie es nicht schon — unwiederruflich verurtheilt.

16.

Der innere Werth.

———

Ein Sandkorn saß stolz auf der kostbaren Streubüchse, und brüstete sich nach dem un= scheinbaren Häufchen Rheinsand auf dem Tische herab. Ich wohne im Golde, sagte es, ihr Gesindel gehört eigentlich unter den Tisch.

Wie

Wir — nahm einer der unscheinbaren Fremdlinge das Wort. — wir bedürfen nicht deiner Wohnung; denn wir — sind Gold.

17.

Das strenge Aug.

Der Löwe sprach: Mein Auge ist zu streng, es macht die Thiere erbeben; ihre Liebe flieht mich, ich werde nur gefürchtet. Groser Zevs, bat er, gieb mir ein milderes Auge, streng bleibe immerhin das andere.

Zevs erhörte ihn.

Alle Thiere waren entzükt, weil nun der Löwe immer nur den sanften Blik brauchte; indem er mit eigner Kunst es zu gewöhnen wuste, daß sein Profil die Hausehre bei den Unterredungen machte. Während sich alles der Wirkung freute, ohne nach der Ursache zu grübeln, sann der schlaue Fuchs über diese nach: mit leisen Schritten und eingezognem Schweife schlich er so lange um den Löwen her, bis er das Geheimnis weg hatte.

In

In der nächsten Nacht, welche auf diese wichtige Entdekkung folgte, stieß sich der Löwe, man wußte nicht durch welchen Zufall, an einem Dorn' auf seinem Lager das rechte Auge aus; und — wie sonderbar! es war eben das strenge.

Sorgfältiger noch als vorher befliß' er sich nun der Profilstellung; ununterbrochener als sonst, war nun seine Sanftheit, und — abermals sonderbar genug! — der Fuchs allein war nicht mehr auf der Seite des milden Auges, sondern nur auf der blinden des Gebieters anzutreffen.

18.

Die Mairose.

Ich bin immer dem Menschen nah, sprach die Monathrose. Die volle duftende Mairose glühte, schön vom Frühthau beperlt, im reichen Purpurschmelz' und schwieg.

Keine unedle Hülle dekt mich, flüsterte wieder die Schwäzzerin der nahen Moosrose zu.

Auch die edle Spalierbewohnerin blieb stumm, im Dunkelgrün ihrer Umgebung prangend.

Ihr schweigt! — Elender Behelf der hilflosen Anmasung! hier kömmt die Holde, der wir angehören — ihre Wahl wird schnell entscheiden.

Und die Jungfrau gieng bei der alltäglichen, stachlichten Prahlerin vorüber, und barg die volle Mairose, die unbewaffnete Moosrose an dem aufblühenden Busen.

19.

Der Kanal.

———

Die Schneemassen der Alpen schmolzen an dem Mittagsstrahl' der Sommersonne, gewaltig rauschten die Wasser in den alten Felsenbekken, schäumend brausten die Bekken über,

über, wild strahlten die Wogen empor, und
tosten dann heulend Klippen ab.

Eben war in fernen Thälern ein neuer
Kanalbau fertig geworden; freudig stand der
Meister vor seinem Werke, welches sich in
langgestrekter, regelmäsiger Bahn, zwischen
jungen Bäumen hinzog, und das neue Beet
stolz harrend' dem bald erwarteten Drange
der Waffer bot.

Wenn nur — sprach der besorgte Bauherr.

Dein Ton verräth Furcht, mein Freund,
erwiederte der Meister entrüstet.

Vor dem schreklichsten der Elemente!
Diese Quader —

Wüthend rollt es von den Bergen herab—

Dieses wol gehöhlte, richtig berechnete
Flußbeet.

Ströme, Seen, Bäche schwellen an!

Diese unterirrdischen Ausflüsse —

Mit ungeheurer Macht wird es dein
Werk fassen —

Diese oberirrdische Schleusen —

Da dröhnte wie Ungewitter die Fluth heran; sie brauste im bald überfüllten Kanale wild

da-

daher, zertrümmerte die Schleusen, zerriß
die unterirrdischen Ausflüsse, wühlte das zu
enge Beet auf, und warf die auseinander
getrümmerte Quader himmelan.

Trostlos retteten sich Bauherr und Meister vor dem wüthenden Elemente; aber hart
auf der Ferse der Flüchtigen brüllten die
Wogen, und der zürnende Wassergott rief
den Bebenden nach: "So war's immer, und
"so wird's bleiben, die Ohnmacht hat die
"Regel für sich, aber die Kraft den Er-
"folg" *).

Das schäumende Grab hatte sie ver-
schlungen.

20.

Das Spiel der Akkorde.

———

Warum sich auch der Mensch unterstehn
mag, uns seine Namen beizulegen? nach
seiner Willkühr uns zu vereinen? wie über
Skla-

———

*) Schiller, das Naturgesez.

Sklaven mit uns zu schalten? Sind wir
nicht älter in der Natur, als er — und un-
sterblich in ihr, indessen er zu Staube wird!
So sprachen die Töne unter sich, und beschlossen nicht mehr zu gehorchen. Die Harmonie verstummte: einzel schallten die Laute,
einzelne Rührungen bebten aus den Saiten
auf; doch das Reich der Töne war zerfallen.
Da riefen die reuige Bekehrte: Unser ist der
Laut, aber des Menschen ist der Akkorde
Spiel. Seine Macht schafft die unsrige.

21.

Amtsforgen.

Probst Topham. Da! bring' Er dem
Koch seinen Küchenzettel wieder — Das ist
der trägste Mensch, der langsamste in ganz
Alt-England!

Kammerdiener. Wol.

Pr. Topham. Er soll denken lernen,
daß ich nicht immer erinnern muß — Sollte
man

man doch glauben, ich hätte deswegen in
Oxford studirt!

Kammerdiener. Wol.

Pr. Topham. Ich kann unmöglich Alles im Kopfe behalten. Drei Hauptspeisen
hat er wieder ausgelassen — ich habe sie
eigenhändig zugeschrieben!

Kammerdier. Wol.

Pr. Topham. Ist der Bote mit den
Zeitungen noch nicht angelangt?

Kammerdiener. Bei dem Sturmwet-
ter ist es unmöglich.

Pr. Topham. Unmöglich! gleich alles
Schwere unmöglich! — weil man nichts thun,
sich nicht anstrengen mag. — Wenn Herr
Wilborne fragt, so wird er um zwei bestellt.

Kammerdiener. Wol.

Pr. Topham. Er ist langweilig, aber
er bringt Geld —

Ein Bedienter. Der Landprediger von
Wakefield — —

Pr. Topham. Um eilf Uhr die kalte
Pastete, und zwei Flaschen Oldhok —

Kammerdiener. Ganz wol —

Pr.

Pr. Topham. Zum Souper, ja Fasanen! auch Trüffeln!

Bediente. Der Landprediger von Wakefield —

Pr. Topham. Schon wieder? — Er soll morgen kommen.

Bedienter. Er bittet unterthänig — Morgen mit dem Frühesten müsse er wieder nach Hause —

Pr. Topham. Hätte eben so gut da bleiben können. Ich habe zu thun — er soll es kurz machen.

Bedienter. Ganz wol.

Pr. Topham. Kammerdiener! die drei Weinproben! und den Spieltisch nicht vergessen! jene sind eilig, und — Boston ist uns wenigstens eben so interessant, als es einst für Lord North war.

Der Landprediger (eintretend). Unterthänigster —

Pr. Topham. Servus! Was bringt der Herr?

Landprediger. Ach leider! komme ich, um Trost zu hohlen, Sir! Die Zeiten sind schlecht — die Pfarr' ist kümmerlich — das

Wet=

Wetter hat Schaden gethan — eine kleine Zulage —

Pr. Topham. Man mus genügsam sein, lieber Herr! nach dem Geist' der Schrift—

Landprediger. Ach! dreisig Pfund Einnahme nach dem Geist' meiner Bestallung, und Weib und Kind —

Pr. Topham. Dreisig Pfund — ist viel auf dem Lande. Sie müssen mit Ihrer Ehewirthin ein gutes Beispiel geben.

Landprediger. Aber der Hunger —

Pr. Topham. Betet und arbeitet! der Herr sorgt für die Seinen —

Landprediger (b. S.). So gehört er nicht dazu, denn ihm bescheert er's im Schlafe.

Pr. Topham. Adieu! adieu! (Er schlägt eine Wespe nieder.) Du Weindieb! du! (Geht.)

Landprediger (sieht ihm nach, dann mit einem Blik auf die Wespe). Der Brudermörder! (Seufzend, im Gehn.) Ach! mein Bienenkorb ist kein Magazinstok — für mich!

———————

22. Die

22.

Die Nebenbuhler.

Ich bin das jüngste Kind des Genies! rief die Skizze stolz aus, welche eben des Meisters Hand an der Wand des Kabinets geschaffen hatte. Aus seinem Haupte sprang ich leicht und keck, wie einst Pallas aus Jupiters Kopf.

Schweig! sagte das Pastellgemälde neben an; du Geburt des Zufalles, du leichtfertiges Geschöpf der Kohle und des Augenbliks. Zwei Bewegungen der Hand reichten hin, dich in ein unförmliches Leben zu rufen; eine einzige genügt, es zu verlöschen. Sieh dagegen meine Vollendung, mein sanft verschmolzenes Farbenspiel, meine milde Kraft!

Eingebildetes Ding! fiel der Kupferstich gegenüber ein; vergiß du nicht, wie schnell deine Vollendung erbleichen, dein Farbenspiel schwinden wird; ängstlich mußt du jeden Moment zählen, denn jeder entzieht dir einen Reiz, und vergeblich suchst du Hilfsmittel

tel gegen die allmähliche Zerstöhrung. Ich
aber bin dem Kupfer und Eisen entsprungen;
Metalle sind meine Eltern, meine Dauer
heißt Ewigkeit.

Ueber den drolligen Kandidaten der Ewigkeit aus Drukkerschwärze! spöttelte das erhabene Oelgemälde am Pfeiler: wie lächerlich
du bist, wenn du, ängstlich hinter das schüzzende Glas verstekt, den Helden der Unver-
gänglichkeit spielst. Auch bedarfst du deren
gar nicht, denn leicht ersezzen dich die ver-
hundertfachte Geschwister. Ich nur bin ewig
und einzig; des grosen Meisters Hand erhob
mich, die Unsterblichkeit mir verleihend, über
jedes Nachstreben schwacher Kopien, und wol-
thätiges Oel schüzt meine Schönheit gegen
jeden Angriff, dem ich offen trozze.

Kaum waren die lezten Worte verhallt,
als die lange schon knisternde Flamme aus-
brach, und die Nebenbuhler um Unvergäng-
lichkeit mit dem Hause verzehrte.

23. Des

23.

Des Tadlers Widerlegung.

———

Die ewige Planmacherei —

In der That, das immerwährende Vor-
bereiten — das endlose.

Wird zulezt unerträglich.

Aeusserst langweilig.

Handeln ist die Sache —

Allerdings! handeln ist's!

So murrte der Leopard, so klagte der
Hase dem Leoparden nach: halb verwundert
und voll geringschäzzig sah jener nach diesem Echo: die Verachtung nicht ahnend, und
dik sich aufblähend, sah das Echo nach jenem, spizte stolz die Löffel, und bildete sich
ein, Held zu sein.

Mitleidig zupfte der Biber im Vorübergehn den Helden bei der Quaste, daß er laut
auf quäkte. Komm' einen Augenblik mit mir,
raunte er dem Hasen zu, der mit ihm fort-
hüpfte.

Un=

Unkluger! sagte der Biber, wie sie allein waren: lasse sie doch ewig Plane machen, dann haben wir immer Ruhe: vergissest du, daß, wenn ihr Handeln beginnt, der Leopard mitfrißt, du aber gefressen wirst?

24.

Der Kosmopolit.

Der Guguk lies sich bei dem Nest' der stillen Taube nieder. Du einfältiges Ding, rief er hohnlachend, was treibst du beständig in deinem Hauswesen? Girren, Brüten, Aezzen deiner Jungen, wieder Girren, Brüten und Aezzen — damit bringst du dein Leben zu, begrenztes Geschöpf!

Ich suche eine gute Bürgerin zu sein.

Ja, ja! das ist immer das Stichwort von euers Gleichen! So denkt ihr eure Dummheit zu beschönigen.

Beschönigen! ist diese Dummheit — wie du sie nennst — nicht an sich schön genug? Aber

Aber der erhabene Schwung des Weltbürgers! dafür hast du keinen Sinn, und
mein ist er.

Die Taube lächelte, und liebkoste ihre
Jungen. Aergerlich fiel der Guguk ein: Du
schweigst, während ich dir die Ehre gebe,
mit dir zu sprechen?

Ich bitte dich, erhabener Kosmopolit,
erwiederte sanft die Taube.

So, so ist's recht! Kosmopolit — ja!
das bin ich!

Ich bitte dich, sezze deinen Schwung
fort —

Wie?

Und stöhre mich in meinem Frieden nur
von ferne durch dein — hässlich Geschrei!

25.

Nachruhm.

Festlich geschmükt ruhte die fette Gans auf
silberner Schüssel, um bei dem grosen
Schmause in Mitte der kleinern Gerichte zu
pran-

prangen. Ein neugieriger Sperling hüpfte an's Fenster, die Merkwürdigkeit zu sehn, und gakernd kam ihm ein altes Huhn entgegen.

Ist sie das? fragte der Sperling, indem er den Hals so lang' als möglich ausstrekte, um den kleinen Kopf vorwärts zu bringen.

Ja, ja, antwortete die Redselige, über die Gelegenheit zum Erzählen froh.

Sie, die täglich — — —?

Ein Pfund Mehl, und eben soviel Gerste — as.

Die so schöne Federn hatte?

Und nichts schrieb.

Und so nachdrüklich zu schnattern verstand?

Ohne Sinn — Zevs sei gelobt, jezt können wir alte Hühner doch auch wieder ein Wort reden.

Wie hoch brachte sie ihr —

Gewicht? Auf zwölf Pfunde.

Der Sperling zwitscherte begeistert: Eine herrliche Sache um den Nachruhm!

———

26. Die

26.

Die Warnungen.

Sorgfältig vorbereitet gieng der junge Rehbok von dannen; gute Lehren füllten — nicht
blos sein Ohr — auch seinen Kopf, und
eifrig wiederhohlte er sich die ganze Reihe
auf dem ersten Ausfluge. Er war in der
moralischen Litanei bis zu den Raubthieren
gekommen. Sie haben scharfe Zähne und
greiffige Klauen, sprach er laut — Sagte
nicht mein Lehrmeister, der sanfte und weise
Hammel so? O! ich will mich wol in Acht
nehmen.

Plözlich sah er die wilde Kazze hastig
nach der flüchtigen Feldmaus springen, sie
haschen, und zerreissen. Die Götter seien
mir gnädig! schrie der Geängstigte, das häss-
liche Raubthier! welche Krallen! welch Gebiss! Damit rannte er über Stok und Stein
davon; die Kazze schlich ihm lachend nach.

Odemlos kam er auf dem sonnigen Ra-
sénflek in der Mitte des Waldes an. Dort
lag

lag ein frommer Wandersmann am Boden; auf ein Knie gestüzt, hob er die gefalteten Hände mit dem Sehrohr gegen Himmel, um, so schien es dem guten Rehbok — die Wunder der Allmacht zu schauen und anzubeten.

Der gute Mann! stöhnte das Böklein in stiller Bewunderung. Aber die weisere Kazze, nur gegen Mäuse nicht gutmüthig, sprang auf den offenmauligen Jüngling zu. Das Ungeheuer! schrie er entsezt und fliehend. Das Sehrohr verwandelte sich in ein Feuerrohr, der Schuss zischte vorüber, der Waidmann fluchte, und die Kazze schlich sich lächelnd davon, indem sie flüsterte: Mir dankst du mehr, als deinem sanften und weisen Hammel.

27.

Der aufzeichnende Engel.

Heilig ist mir die Stätte der Helden, Armon! wie dankt es dir der Jüngling, daß du ihn zu ihr, zu ihnen leitetest. Ach! sie

sind

find gefallen, aber gros ist der Anblik: die
Bilder auf ihren Gräbern sprechen zu meiner Seele; von unsichtbaren Geistern bewegt,
rauschen diese Waffen, und erhabenes Wehen
flüstert Siegeston und Nachruhm durch die
ertönenden Gewölbe.

So sprach der glühende Fredal mit feuch-
ten Augen, brennenden Blikken, und hoch-
schlagendem Herzen zu dem waffenstarken,
vom Vaterland' gepriesenen Armon, der —
ruhig erwiederte: Nähere dich jener Mar-
morhalle, rufe: Mandor! sieh' und lies.

Erstaunt blikte Fredal dem ernsten Mann
in's Aug; aber unverändert blieb der Blik
des Erforschten, und stumm winkte er dem
Zögernden nach der Halle. Fredal gieng und
rief.

Die Pforte eröffnete sich; in hehrem
Glanz' schimmerte eine Gestalt des Lichtes
hervor; der Engel reichte ihm eine Tafel.
Nimm! sprach Armon, nimm und lies. Fredal empfieng das Blatt, die Pforte schloß
sich, der Engel war verschwunden, und Feuer-
schrift flammte auf der schwarzen Marmor-
tafel in der Hand des Jünglings.

Lies du! fiel Armon wieder ein, ich will dich geleiten. Er führte ihn zu dem Grabe des hohen Dannor. „Dem Feinde warf er sich „entgegen", sagte die Grabschrift; „den To= „desgöttern sich opfernd, beseelte er mit neuem „Muth' das Heer, welches drei verlohrne „Schlachten mit banger Schüchternheit er= „füllten. Er stürzte dem Tod' in die kalten „Arme; die Waffenbrüder errangen den Sieg „auf seiner Leiche".

O der Große!

Was sagt die Tafel?

Fredal las: „Fünfmal war Dannor in „anhaltender Schlacht gewichen; sein Muth „war Begeisterung des Anfalls, und erlag „dauernder Gefahr. Er opferte sich den To= „desgöttern, aus seinem Blute keimte schnell „der Sieg, die fünffache Flucht wurde ver= „gessen, und sein Name groß".

Weiter! sprach Armon, ohne Fredals schmerzlich überraschtes, innig-fragendes Aug' verstehn zu wollen.

„Gunthar", so sagte die nächste Grab= schrift, „der Löwe im Kampf war Führer „und Panier seiner Schaaren. Im dichtesten „Ge=

„Gefecht' wehte sein Helmbusch; wer die
„Gefahr suchte, wandte nur nach diesem den
„Blik".

„Gunthar", sezte die Tafel hinzu, „troz=
„te vor tausend Blikken dem Tode; aber in
„dem einsamen Gemach' bebte er der Mitter=
„nachtstunde: er starb den Tod des Helden,
„um nicht langsam in den Armen der Krank=
„heit zu sterben".

Folge mir! unterbrach der immer gleiche
Armon noch einmal die heiße Augenfrage des
Jünglings. Hier finden wir Raspo's Stätte.
„Sich nie an Ruhe gewöhnend", sprach die
Grabschrift, „sucht' er sie zehnmal, um zehn=
„mal wieder dem geliebten Waffenton' zu
„folgen". Aber die Tafel des Engels strahl=
te mit Feuer auf Schwarz: „Furcht trieb
„ihn zurük, und Furcht, für furchtsam zu
„gelten, drängte ihn wieder vorwärts. Ein
„unvorgesehner Pfeil aus der Hand des Zu=
„falls beschloß das Wechselspiel".

Dieser Engel, rief Fredal aufge=
bracht —

Schweige, unterbrach ihn Armon, und
vollende erst.

Ha!

Ha! Arilds Asche! hier schläft ein Held,
ein unwidersprochner, ein unwidersprech-
licher Held.

Wenn du der Grabschrift allein glaubst—
ja!

„Fünfzig Jahre des Ruhms schmükten
„den erhabenen Arild, von ihnen und von
„Wunden bedekt entsank er dem Leben".

Und deine Tafel?

„Arild suchte Wunden, weil er in ih-
„rer Erwartung bebte".

Verläumderin! schrie grimmig Fredal,
und wollte die Tafel an den Boden schmet-
tern: der Sturm zischte durch die Hallen,
die Erde wankte, Armon hielt den Arm des
kochenden Jünglings zurük. Gelassen! Hel-
denzögling, flüsterte er, und führte ihn
weiter.

„Volkmar trug nie ein Schild", sagte
die nächste Schrift, „die Pfeile flohen den
„unerschroknen Helden".

„Aber des Stahles Schärfe fürchtete
„Volkmar", erklärte die Tafel, „ein fe-
„ster Panzer barg sich unter seinem Ge-
— „wand'."

Und

Und ein Engel wäre —? Armon erstikte
mit der Hand die Worte des Unmuths auf
Fredals Lippen. Er zog ihn zu dem präch-
tigsten der bisher gesehnen Gräber; doch
nur wenig Worte sagten: „Hildolf erlag der
„Rettung des Vaterlands im nächtlichen
„Kampf'." Vertrauensvoller, warf Fredal,
die Blikke auf die marmorne Anklägerin, aber
da leuchtete es mit Tageshelle: „Unberühmt
„ruhte Hildolf, wurde er nicht auf nächtli-
„cher Flucht erschlagen".

Abscheulich! abscheulich!

Geduld, Jüngling.

Noch einmal zog Armon den Sträuben-
den weiter, und zu Glandors Denkmal.

Hier, rief Fredal — hier keinen Widerspruch der allgemeinen Stimme, keinen Tadel
der ewigen Gerechtigkeit, neidische Tafel!
Nennt nicht alles Glandor den Unübertroffe-
nen, wie diese Inschrift ihn nennt? „Der
„Unübertroffene ruht hier auf Lorbern! blu-
„tig war die Erndte, er pflükte verblutend
„die edelste Frucht".

„Gros starb Glandor", sprach die Tafel,
„aber an kleinen Gefahren klimmte sein Muth
„zum

„zum Ertragen der größten empor: er wur=
„de groß, nachdem er fürchtend begonnen
„hatte".

Geist der Hölle! schrie auſſer ſich Fredal,
die Tafel lag zertrümmert. Durch die Gra=
besgewölbe heulte der Sturmwind, Blizze
ziſchten in blauer Glut, Donner rollten, die
Erde bebte, es öfneten ſich die Gräber,
bleiche Geſpenſter ſchwebten aus den Grüf=
ten und ſprachen: Der aufzeichnende Engel
redete wahr.

Unerſchüttert ſtand Fredal auf der be=
benden Erde vor Blizzglut und Donner=
rollen, vor Grabesrachen und Geſpenſter=
rüf; feſten Muth im Auge, den Schwerdt=
ſtrahl in feſter Hand, rief er: Ihr verur=
theilt euch ſelbſt, doch ehr' ich eure Thaten.

Lerne fürchten! riefen die Geiſter, auf
ihn eindringend.

Zurük! eure Thaten will ich ehren —
flieht ihr!

Der Aufruhr ſchwieg, die Schrekken
verſchwanden, ruhig war alles umher; der
hehre Mandor ſtand vor dem Jüngling, Ar=
mon ſank an ſeine Bruſt.

Zeit=

Zeugenlos warst du ein Held, sprach
der aufzeichnende Engel; die Tafel konnte
nur durch deine Hand, zu deinen Füsen nur
zerbrechen; du bist, was du scheinst. Der
Ruhm hat keine Rechte an dich, er ist dein
Sklave.

28.

Die Bewunderer.

Der Haushahn schritt feierlich und ernst
durch den Hof, drehte stolz den Hals hin
und her, schlug mit den Flügeln, und krähte
mit patriarchalischer Würde. Wie schön seine Stimme ertönt! gakerten die Hühner unter sich — wie prächtig er singt! — ja, man
kann es so nennen, soviel Wollaut, soviel
Tonwechsel ist in seiner Stimme. Und doch
wieder diese Einfachheit — diese schlichte
Fülle und reiche Nüchternheit — es ist
wahrhaft unglaublich, was alles in unserm
edlen Hahn' stekt!

Ein

Ein muthwilliger Affe unterbrach die
gute Seelen in ihrem wundervollen Gespräche. Ich fühle, sagte er mit schwer ver-
haltenem Lachen, ich fühle den Grund Ihres
zarten Wolgefallens mit Ihnen; schöne Seelen und Geister ahnen, finden, verbinden
sich. Gleich Apoll mit seinen Musen, geht
der Erhabene an der Spizze Ihres holden
Zugs daher; einer sind sie des andern
werth. Nur etwas, etwas nur möcht' ich
wissen.

Und was? riefen die befiederte Schön-
geister alle auf einmal.

Warum der gute Hahn so früh, so laut,
so unermüdet — schreit? — um Vergebung,
— singt?

Aus Wachsamkeit —

Aus Begeisterung —

Aus Liebe —

Aus genialischer Unruhe —

Aus Amtseifer —

Genug, genug, meine Damen, rief der
überbelehrte Affe; ich sehe, dieser Vortref-
liche besizt alle Tugenden.

Alle!

Denn

Denn — er glaubt es seinen Bewunderern nach! schmunzelte der Affe.

29.

Glüksspiel.

Als sich die Griechen vor Troja langweilten, rief Palamedes bittend gegen Himmel: Gebt uns, grose Götter! irgend einen Zeitvertreib, der — himmlischen Ursprunges — doch leicht begreiflich sei, und dem Feldherrn wie dem Wappner behage.

Jupiter sandte die Bitte dem alten Schiksal zu; die düstre Matrone winkte einmal, und dann noch einmal; im hohen Himmelsraume rollte ein majestätischer Donner, wenig Sekunden später gesellten sich ein Paar niedliche Nimfengestalten zu Palamed und seinen Gefährten, die gähnend und summend am Wachfeuer lagen.

Ha! riefen Gräziens Söhne.

Schalkhaft warf die eine der Gestalten drei Würfel in den Becher, welchen die andere

dere reichte: dann rüttelte sie diese, dann
warf jene; die neugierige Griechen lauschten achtsam auf, und ahmten gelehrig das
Gesehy'ne nach.

Ganz berauscht von dem neuen Genusse,
vergasen die Spieler der Lehrerinnen; und
als sie zulezt ihrer gedenken, da nimmt ihr
Blik Fortuna und die Laune wahr, wie sie
ihnen lächelnd in die weiten Räume des
Schiksals entschweben.

30.

Das erste Opfer.

Warum ist doch der Pfau Juno's Günstling?
der häßliche, häßliche Vogel! Theuer verkauft er alle seine Unarten um den wenigen
Glanz, mit dem er sich brüstet; wahrlich!
wenn er's vermöchte, uns alle opferte er
seiner grenzenlosen Eitelkeit auf. Wie die
gerechte Juno zu diesem Lieblinge kommt,
bleibt mir ewig ein Räthsel.

So

So klagte der Schwan, und sanft er=
wiederte der Pelikan: Guter, du nennst Ju=
no gerecht — auch das ist mir ein Räth=
sel, und zwar ein gröseres, als die Gunst
des Pfau's.

Der Schwan verstummte, ohne zu ver=
gessen. Das schmeichelhafte Beiwort geleite=
te seine Klage zu Juno's Ohr, und gewann
ihm Alzids Verfolgerin und Jupiters eifer=
süchtige Gemahlin: sie berief den Schwan
zu sich, liebkoste ihm, und vernachläsigte
den Pfau. Bald konnte die Gerechte ihrem
Schmeichler nichts mehr versagen, und der
neue Günstling bewährte seinen Abscheu vor
den Unarten seines Vorfahrers dadurch, daß
er — den Pelikan zu seinem ersten Opfer
machte.

Er hat dich gelästert, Erhabne, sprach
er zu den Füsen ihres Thrones den langen
Hals schmiegend: meine innige Andacht für
dich wollte er schwächen, und erfrechte sich
zu tadeln, wo er stumm im Staube anbeten
sollte.

Juno mas den Ankläger mit strengem
Blikke, und sah dann nach dem vergessenen

Pfau

Pfau zurük. Nein! rief sie, der Pelikan lästerte nicht; ich bin ungerecht: schrie gleich
der Pfau, so war doch nicht kleinliche Rache
sein Ziel, wie deines, süser Lispler. Hinweg! hinweg von mir! Er werde mein Ge-
sellschafter, er, der Pelikan, welcher den
harmlosen Muth hatte, die Wahrheit um
ihrer selbst willen zu sagen.

31.

Der Dilettant.

Als Lehrer der Weisheit war der Elefant
in dem Reich' der Thiere berühmt; der Zu-
lauf drängte, das Vertrauen sammelte sich
um ihn; von einer Heerde Zuhörer umgeben,
und begleitet von der erlesenen Schaar der
Schüler, wanderte er einen Theil des Jahres in einigen Gegenden des weiten Reichs
umher; den Ueberrest der Zeit verbrachte er
still und sinnig in friedlicher Heimath.

Plözlich fiel es dem jungen Tiger bei,
Filosof zu werden. Er gesellte sich zu der
· Heer-

Heerde der Zuhörer; bald gelangte er in den engern Kreis der erlesenen Schüler. Schnell begreifend, jede Wildheit verleugnend, selbst das begehrlich = dräuende Schnurren sich untersagend, schien er zur freundlichen Kazze geworden: und wenn man dem weisen Elefanten warnend in's Ohr flüsterte: Traue den Sammetpfötchen nicht, so erwiederte er ruhig, und schonend = beruhigend: Nicht seine Schuld ist die Aussenseite; Kazzenform gab ihm die Natur, doch Elefantensinn die Weisheit.

Einst giengen, nach geraumer Zeit der Prüfung, Meister und Schüler in den erquikkenden Schatten des Haines lustwandeln. Man sprach von der stillen Wonne, von der unendlichen Tiefe, von der füllereichen Befriedigung der — Studien. Unser Tiger redete gelehrt, wie ein Buch, und — was noch mehr war — weise, wie ein junger Sokrates.

Da führte der Zufall eine Ziege herbei; eben, als der Meister an der Spizze des filosofischen Trupps um die buschige Ekke bog, trippelte sie seitwärts in den verlassenen Weg.

Weg. Der junge Weisheitsbeflissene ersah sie mit dem rechten Auge, indeß sein linkes die Entfernung des Lehrers erspähte — ein Saz', ein Schrei, die Ziege — hatte gelebt, und ihr Blut träufelte vom Rachen des Tigers.

Schnell kehrte der Elefant zurük: Was ist das! rief er entrüstet; sind das meine Lehren, ist das deine Filosofie? — Ach, Herr! versezte der Tiger grinzend — ich war nur ein Dilettant bis jezt; ein Bart fehlte mir noch zum vollendeten Weisen — ihn nahm ich diesem profanen Wesen ab. Jezt bin ich fertig.

32.

Das Unmögliche.

Der Mensch. Geraubt war mir der lezte Bissen Brod — ich trug es thätig, neues Brod kam.

Der Genius. Es ist vorüber.

Mensch.

Menſch. Mein Obdach loderte in Flammen auf—ich trug es feſt, ein neues erſtand.

Genius. Vorüber iſt's.

Menſch. Der Tod entriß mir meine Lieben; ich ſtand troſtlos und einſam, aber ich trug es männlich, und mein Herz gewann der Liebe Segen wieder.

Genius. Auch das iſt — vorüber. Wenn nun der Fluch des Unglüks zurükkehrte; wenn neue Noth ihren Rachen gegen dich auffſperrte —

Menſch. Ich werd' es tragen!

Genius. Die Flamme zum zweitenmal' dein Haus verzehrte —

Menſch. Ich trag' es!

Genius. Deine Lieben an der Hand des Todes in die Erde ſinken —

Menſch. Ertragen werd' ich's!

Ein Bothe. Herr! das Ungewitter hat deine Erndte verheert.

Menſch. Gott!

Zweiter Bothe. Herr! die Ueberſchwemmung hat Haus und Hof mit ſich fortgeriſſen.

Menſch. Großer Gott! ſei mir gnädig!

Drit-

Dritter Bothe. Herr! Weib und Kind ertranken in brüllenden Wassern —

Mensch. Gerechter Gott! ist es deine Schikkung?

Genius. Du verzweifelst! Wo ist dein Muth?

Mensch. Unmöglich! das, das trag' ich nicht!

Genius. Was verhießest du?

Mensch. Ich war ein Thor!

Genius. Was leistetest du nicht schon?

Mensch. Es ist — vorüber.

Genius. Lies in meinem Lächeln deine Rettung, nur Trugbilder erschienen dir.

Mensch. Gütiger Himmel! ich hätte —

Genius. Nichts verlohren!

Mensch. Ueberseeliger der ich bin!

Genius. Möglich ist euch Menschen alles — nur eines nicht, nur eines ist da Unmögliche. Vergangnes, künftiges Leide besiegt ihr, doch das Leiden der Gegenwar wirft euch nieder.

---

33. Di

33.

Die Lichtgestalt.

Die Thiere stritten sich um den Endzwek des Lebens; und auch in diesem wichtigsten aller vernünftigen Streite bestättigte sich die alte Wahrheit: nach langem Wort- und Ideenwechsel blieb jeder auf seinem Kopfe.

Das wurmte unter allen vorzüglich dem Löwen, dem Fuchse und dem Affen am meisten. — Bin ich nicht der Mächtigste? murrte der erste, und doch widerstehn sie meiner Meinung? — Bin ich nicht der Klügste? kläffte der andere; wie können sie mir nicht beifallen? — Hab' ich nicht am Meisten von dem königlichen Menschen? — grinzte der Dritte; ich möchte doch wissen, warum sie mich nicht als Orakel verehren.

Alle drei vereinigten sich zulezt, ein Wunder vom Himmel zu begehren, und gelobten einander treuen Beistand, um jene Meinung mit Gewalt und List durchzusezzen,

würden.

Proteus.   17   Zevs

Zevs lies den Bittenden seinen Blitz leuchten; sein hoher Donner rollte, langsam stieg in Strahlen gekleidet auf Wolkenstufen eine hehre Gestalt vom Olimp. Erhabner Anstand feierte laut die Züge, welche ein flammender Schleier verbarg; in ihren Händen war — ein Spiegel. Sie winkte den Betern, welche bestürzt nahten, begierig schauten, und erstaunt zurükfuhren; denn — sie hatten in dem olimpischen Spiegel nicht mehr und nicht weniger gesehn, als jeder irdische ihnen zeigen konnte: ihre eigne Gestalt.

Erzürnt warf nun die Himmlische den Spiegel zu den Füsen der Erstarrenden, ihr Schleier verschwand, Pallas = Athene stand vor ihnen, und deutete mit göttlicher Rechte auf die grose, schöne, reiche Natur umher. Elende! rief sie, wozu bei diesem Anblik noch m e i n e Erscheinung?

Sie flohen verblindet. Der nahe Mensch eilte auf das Geschrei der Fliehenden herbei, sah die Lichtgestalt, vergas über ihr der Natur, verblindete wie seine Stiefbrüder, und — nannte sich von nun an weise.

───────

34. Der

34.

Der eiserne Stab.

Auf der Spizze des höchsten Felsen wuchs das Wunderkraut, welches nährte, heilte und beglükte: gelang es einem Sterblichen dahin- auf zu klimmen, so war sein Wol auf die ganze Folgezeit entschieden, und selbst das Wol seiner Enkel und Enkelkinder, solange das Kraut, wenn gleich getroknet, in ihren Händen blieb; denn in der Ebne pflanzt' es sich nicht fort, und seine Blätter verlohren ihre Kraft, wenn sie ausser des Erwerbers Nachkommenschaft geriethen.

In grauer Vorzeit hätten kühne Men= schen die reichlich lohnende Spizze häufig er= klommen; auch später noch war es hie und da beharrlichen Wanderern geglükt; und die meiste reiche und blühende Familien des Lan= des leiteten von solchen Helden ihren Ur= sprung her: alle bewahrten die Himmelsblät= ter mit eifersüchtiger Andacht.

Die

Die späte Enkel wollten verzweifeln,
daß ihre Bemühungen, den Weg der Väter
zu gehn, fruchtlos blieben. Umsonst hatte
man alle Kroniken nachgeschlagen, alle Archive
umgewühlt, auch die bestaubteste Urkunde nicht
gescheut: keine Spur, wie die Alten dahin-
auf gekommen waren, zeigte sich; und die
Nachkommen genossen die Früchte der urvä-
terlichen Stärke und Gewandheit, ohne das
Wesen dieser leztern zu erkennen.

Nicht minder vergeblich blieben alle Erfindungen: Dädals Flügel, Prometheus Him-
melsschwung, der Pfeil des Abaris, und alle
Wundermittel wurden versucht, und — ver-
eitelt. Trostlos sehnte man sich nach dem
Kraute, und verzweifelte an seiner Erreichung.

Endlich wurde ein Mensch gebohren, welcher so einfach war, daß seine hohe Einfachheit zum Sprichworte gedieh. Die Klugen
im Lande spotteten seiner, die Menge lachte
den Klugen nach; der Weisen gab es wenige, und die schwiegen. Aber der einfache
Mensch lies lachen, spotten, und schwieg gewöhnlich auch.

Er

war erwachsen; er begab sich nach dem Felsen, einen eisernen Stab, einfach wie er selbst, in der Hand. Alles Volk folgte ihm lachend, die Kluge sprangen beiher und spotteten, schweigend giengen die Weise mit. Ruhig sezte er den eisernen Stab an, innig richtete er die Augen himmelwärts, dann schwang er sich auf; und — Wunder! o Wunder! schrie alles Volk, die Kluge verstummten, zum erstenmal' sprachen die Weise: Dem grosen Jupiter sei Dank! Der einfache Mensch kam wolbehalten auf der Felsenspizze an, pflükte das Himmelskraut, und — eh' man sich's versah, war er nicht minder wolbehalten wieder unten auf der Muttererde.

Das Volk riß sich um den eisernen Stab; er ließ ihnen den Talisman. Die Kluge rümpften die Nase, und sprachen: O der schweren Erfindung! giengen heim, und bestellten sich auch solche Stäbe. Die Weise dachten das Ihrige, und schwiegen wieder.

Am andern, dritten und vierten Tage kletterte alles mit eisernen Stäben himmelan; aber den einen trug zwar der Stab, doch nicht der gleitende Fuß, den andern faßte

der

der Schwindel, den dritten und vierten näh=
men rollende Steine mit, oder rissen Hekken
zurük: viele stürzten in Abgründe, mehrere
verlohren ihr Leben, ohne Wunde kam kei=
ner durch. Nur wenig einfachen Weisen ge=
lang die Reise, und sie kehrten belohnt und
wolbehalten von der Felsenspizze zurük.

Da war das Geheimnis entdekt, von
welchem Kroniken, Archive und bestaubte Ur=
kunden schwiegen, und die Enkel sahen er=
staunt, daß nur ein eiserner Stab und hohe
edle Einfalt ihnen mächtige und glükliche Vä=
ter gegeben.

———

Fünftes Buch.

I.

Der goldne Fittich.

Zwei Genien stiegen vom Himmel zur Erde hinab: ihr Gefieder war golden, azurblau ihr leichtes Gewand. Auf beider Stirne hatte der göttliche Geist sein Siegel gedrükt; erhaben glänzte sie, füllereich strahlte ihr Aug, Ehrfurcht gebietend und mächtig mit sich fortreissend war ihr Wesen.

Sie waren hienieden angekommen, sie trennten sich. In das Getümmel der Welt, in das Treiben der Menschen warf sich der eine, mit starker Hand beides faffend und leitend — über die Lieblingskinder des Himmels lies sich der andere sanfter herab, sie mit dichtender Begeisterung erfüllend und Meisterwerke für die Ewigkeit hervorzaubernd.

Jahr‑

Jahrhunderte vergiengen, der Ruf aus den Hallen der Unsterblichkeit erscholl; Rechenschaft abzulegen, schwangen sich die olimpischen Zwillinge wieder aufwärts, und begegneten einander in den weiten Hallen des Weltalls, wechselseitig des Findens erfreut, über ihren Anblik betroffen.

Wie blühst du in ununterbrochener Schönheit und Fülle! rief der erste überrascht — Wie ermattet und erschöpft schwebst du nach unserm herrlichen Vaterlande! erwiederte der andere.

Dein Gefieder glänzt hehr und reich, wie am ersten Tage unseres Seins. Wie hast du dir den goldnen Fittich erhalten?

Und du, armer, geliebter Bruder, wie verlohrst du ihn? Unscheinbar und glanzberaubt sind deine Flügel!

Ich — ach! meine Bestimmung heischte es! — ich verweilte in der Mitte des Irrdischen.

Geseegnet sei denn die meinige! ich hob es zu mir hinauf!

———————

2. Ent-

2.

Entwaffnung.

———

Vollendet stand die Bildsäule des Zevs vor
dem Künstler, doch im Glanz' weit höherer
Vollkommenheit schwebte das Ideal vor der
Seele des Schaffenden. Sein Blik strebte
sehnsuchtsvoll himmelan, dann kehrte er ver=
missend nach dem Kunstwerke zurück; ernstes
Sinnen lagerte sich auf der Stirne, leiser
Groll zwischen die Augenbraunen; plötzlich
schwang er den schwersten Hammer, Zer=
trümmerung war sein Entschluß. Halt ein!
rief das Bild, halt' ein, zerstöhre um des
Bessern willen nicht das Gute. Betroffen
lies der Meister Arm und Hammer seit=
wärts niedersinken, und zertrümmerte sein
Werk nicht.

———

3. Der

3.

Der müſige Dienſt.

———

Sonderbar! rief der Widder, daß wir immer um und mit dem klugen Menſchen leben, und doch nichts von ihm lernen: ſorgfältig bewacht er uns; zwar ſind die Schranken, mit welchen er unſere Schlafſtätte einzäunt, nur gebrechlich, zwar ſchlummert er ſelbſt in der engen Hütte, die er auf Räder geſezt hat, um uns allenthalben folgen zu können; doch ſein Schlummer iſt leiſe, wachſam ſein treuer Hund, hell die erleuchtende Laterne, und ſtark ſein Arm.

Die Schafe ſtanden mit offnem Mund' um den begeiſterten Sprecher her, und lauſchten, als er zu enden ſchien, ſo andächtig weiter, daß man ſie beinah' des Nachdenkens beſchuldigen konnte.

Nun ſagt mir, fuhr der geſchmeichelte Widder fort, ſagt mir, ihr gute Seelen, für deren Glük ich allein lebe, ob ich's nicht treffe, wenn ich meine reifen Schlüſſe aus

der

der aufmerkſamen Beobachtung ziehe! Auch
ich bin ſtark, auch mein Schlummer iſt leiſe,
auch mich könnte der Hund wekken, oder et=
wa abwechſelnd eines aus eurer Mitte, wenn
der bellende Stief=Wollenträger zu ſtolz wä=
re, um uns zu dienen; alles kömmt nur dar=
auf an, daß wir auch die Leuchte zu hand=
haben wiſſen; und das — frohlokt meine
Kinder! — das hab' ich dem Menſchen abge=
merkt: ich verſteh' es nun troz ihm, der
Freiheit Augenblik iſt gekommen, wir können
des ſelbſtſüchtigen Hirten entbehren, und uns
mit eigner Kraft verſorgen. Fort mit dem
müſigen Dienſte! —

Sprach's, und begann hohe Freuden=
ſprünge: alle Schaafe fielen blökend und
ſpringend ein. Geheime Bothen ſchloſſen ei=
nen Vertrag mit dem benachbarten Haushahn
ab, der krähend in den Plan des Widders
einſtimmte, und weiſe hinzuſezte: Ich bin
das Ideal der Wachſamkeit! Wozu brauchen
wir den Menſchen, der euch die Wolle und uns
die Eier um karge Nahrung abnimmt, dann
unſere Junge ſtiehlt, zulezt uns Alte ſelber
aufzehrt? Fort mit dem müſigen Dienſte!

Die

Die Verschwörung brach aus. Eng ver-
schränkt, mit vorwärts geschlossenen Köpfen,
verjagten die Schaafe Hirten und Hund; an
der Spizze seines geflügelten gakkernden Vol-
kes zog der Hahn vom Hofe des Pächters ab,
und ließ sich in der Nähe des Hordenschla-
ges auf einem Trupp freundlich verschränk-
ter Baumgipfel nieder.

Großer Jubel herrschte unter den Verbündeten; der Tag verfloß unter Grasen und
Schäfern, die Nacht kam, lustig brannte die
Leuchte, ein junger hoffnungsvoller Sohn des
Hahnes versah des Hundes Wächterdienst, ruhig liefen die Stunden der Gefahr ab, und wie
die Sonne wieder über die Berge stieg, wurde ein großes Dank- und Freudenfest gefeiert.

Im Dikkicht des nahen Waldes lauschten, bald verständigt, Fuchs und Wolf —
Du bist schlau, sagte dieser; du bist stark, erwiederte jener: die Hühner scheinen ganz artig fett, flüsterte der Wolf; prächtige Schaafe
und appetitliche Lämmer, lispelte der Fuchs:
die Leuchte! stimmten beide ein, der Fuchs
winkte, der Wolf nikte, und geschlossen war
der Bund.

Am

Am Abend' wollte der geschikte Widder die hilfreiche Laterne anzünden; aber ach! das Oel fehlte. Listig hatte es der Fuchs während der Entfernung der Hüter gestohlen. Alles gerieth in Unruhe, doch die Häupter verlohren den Kopf nicht. Wir wollen euch alle bewachen, rief der Hahn tröstend; wie schnell ist eine Nacht vorüber, morgen verschaffen wir uns schon frisches Oel.

Gesagt, gethan. Aengstlich drängten sich die Schaafe zusammen, eines verstekte den Kopf in des andern Wolle: feierlich schritten die Hühner, alt und jung, um die gebrechliche Schranken; dunkel lag die Nacht über der wachenden und bewachten Furcht.

Doch hell genug war sie für Wolf und Fuchs, die schnell hereinbrachen, und sich in die schreiende Beute theilten.

4. Der

4.

Der flammende Rubin.

———

Ha! seh' ich dich endlich in meiner Nä=
he! rief die Flamme aus dem Kamin dem
strahlenden Rubin zu, welcher in seiner
Ringfassung auf dem Marmorgesimse, kaum
die Hand des Besizzers verlassend, ruhig für
sich, fortglänzte. — Seh' ich dich endlich
meiner Rache näh! fuhr sie knisternd fort,
du anmasungsvoller Nebenbuhler meines
Wesens und Namens! O daß du herabstür=
zen, und in meiner Glut erblinden möchtest

Gelassen versezte der Rubin: Man hör
an deinen Verwünschungen, wie wenig d
himmlischen Ursprunges bist; doch mei
Feuer ist der Wiederschein des ätherische
Lichtes an edler Gediegenheit! Erblinde
mag ich an dir, doch nicht vergehn.

———

5.

Der Blumenengel.

Ihr Lieblingslamm an der Bandschleife
führend, wandelte Alma den blumenreichen
Pfad am Fuße des Rebenberges', längs dem
Wiesengestad' des Flusses: bald sah sie mit
schönem, frohen Auge in der reichen Natur
umher, bald sandte sie den dankenden Blik
zum Himmel, bald liebkoste sie das hüpfen-
de Lamm, und hüpfte selbst nach den lieblichen Blumen des Wiesengrundes; dann
pflükte sie Blühten für sich, dann würzige
Kräuter für den kleinen Gefährten: die reiche
Sammlerin drükte den Blühtenstraus an die
schuldlose Brust, das dankbare Lamm küßte
schmeichelnd die weiße Hand der Versorgerin.

Da überraschte sie die Ankunft der
Frührose. Sanft in sich geschmiegt blühte
das holde Kind des Frühlings in stiller Ent-
faltung. Behend schwebte Alma nach der
Schwester hin, sie suchte entzükt Farbe und
süßen Duft mit küssenden Blikken und Lippen,

sie fühlte sich zum Pflükken versucht, und doch wieder von leiser Schonung für das zarte Blumenleben zurükgehalten.

Freundlich umherforschend, ob nicht irgend ein Zwillingsstrauch in der Nähe blühe, vergas Alma des unbewachten Begleiters, der lüstern an den Blättern, dann an der Rose selbst naschte. Zu spät nahm sie den unbefangenen Dieb wahr, und schlug klagend die kleinen Hände zusammen; dann warf sie einen zürnenden Blik auf den Verbrecher, der, seine Missethat nicht kennend, noch mit den Rosenblättern zwischen den weissen Zähnen spielte.

Zürne ihm nicht! flüsterte die Stimme des Geistes aus dem Strauche — schuldlos ist er, gleich dir: doch ihn lokt nur die Nahrung, wo dich das Schöne erfreut.

6. Der

6.

Der Gewissensrath.

In traurigem Nachdenken saß die Katze;
schmunzelnd beschlich sie der Affe, und rief:
Ertappt, Schwesterchen! was heckst du Grillen?

Ach! seufzte die Trübe, indem sie mit
dem Sammetpfötchen über das nasse Auge
strich.

Wie! schrie Meister Koko, und hielt sich
die Seiten vor Lachen — mein lustiges Kätz-
chen ist wirklich schwermüthig geworden!

Wirklich, guter Koko! laß' nur deine
Possen, ich bitte dich ernstlich darum: sie können mich heute nicht ermuntern — ich leide
zu sehr.

Und woran leidest du denn so tief?

An dem Undank' der Menschen.

Ah! dann freilich — da hast du wirklich
eine schwere Krankheit am Halse, du gutes
Miezchen. Doch nein! nennen wir es nur
Unpäßlichkeit, denn leider! ist sie nur bei ihrem

ersten

ersten Anfange heilbar. Was wollen dir
meine närrische Stiefbrüder?

Denke dir, Koko, daß sie eben nicht wissen, was sie wollen.

Ihr gewöhnlicher Fehler!

Ich soll ihnen ihre Feinde, die Mäuse
fangen, du weißt, wie listig und behende die
kleine Kostgänger der zweifüßigen Allzehrer
sind. Nur gewandte Schlauigkeit kann sie
beschleichen: dieser Waffen bedien' ich mich,
und so gelte ich für falsch.

Koko sann einige Minuten lang, dann
rief er: Du fängst ihre Feinde, ohne daß sie
es sehn: aber du benaschest auch ihre Küche,
und das merken sie — schnell vergißt sich das
ferne Gute zur Seite des fühlbaren Uebeln

7.

Der Glückliche.

Der Löwe erhielt einen Besuch vom Adler,
und beide lustwandelten in Feld und Flur;
wo sie erschienen, da beugten sich die Thiere
mit

mit tiefer Ehrerbietung, Wunſch oder Furcht
in Blikken und Gebehrden. An die Anbetung
des Eigennuzzes gewöhnt, nikten die erhabene Spaziergänger-leichthin rechts und links
oder gar nicht, indem ſie ihr Geſpräch fort-
ſezten.

Da ſahen ſie im nahen Wieſengrund
den Storch auf und niedergehn, genügſam
ſeine Fröſche ſpeiſen, und ſich dann, um ſie
nicht kümmernd, nach dem Neſte auf dem
Kirchthurm zu ſeinen Jungen erhében, die ihn
mit fröhlichem Klappern empfiengen.

Der König der Luft blikte nach dem Könige der Erde, dieſer auf jenen; was den
tiefgebeugten Verehrern nicht gelungen war,
gelang dem filoſofiſchen Storche, er erregte
ihre Aufmerkſamkeit.

Wol ihm! ſprach der Löwe, er will nichts;
er fürchtet nichts —

Und bedarf unſerer nicht, ſezte der Adler
hinzu.

---

8. Die

8.

Die Krükke.

Ein armer Greis schob sich auf der stüzzenden Krükke fort; sein Bein, das sie ihm so kümmerlich und doch so wolthätig ersezte, hatte er im Treffen für das Vaterland gelassen, während andere die Füse und sich fliehend retteten. Dafür war einer dieser gesunden Flüchtlinge zu hohen Ehren aufgeklettert, dem armen Krüppel hatte man das Betteln bis an sein Lebensende erlaubt.

Der Glükssohn begegnete dem Sohne des Elends. Was geb' ich dir für deine Krükke? fragte er höhnisch.

Ruhig und edel mas ihn das Greisenaug.

Fordre! rief die hochmüthige Erdenlast.

Wer es nicht wagte, sie zu verdienen, darf der ihrer spotten, groser Zevs!

Die Feuerblikke des Alten begleiteten diesen Ausruf zum Himmel. Der Bliz des hohen Jupiters antwortete, die Krükke schoß

zum

zum stolzen Lorberbaum' empor, sein Schatten bedekte den verjüngten Greis, der nicht mehr Krüppel war, und gelähmt lag der frevelnde Spötter am Boden.

Ihm reichte der Hergestellte, der Gerächte hilfreich den Arm. Mein Dank für Jupiters Huld, sprach er, meine Vergeltung deiner Ungerechtigkeit sei diese lebendige Krükke: der wehrlose Feind war immer mein Freund, der bewaffnete mein Ziel.

9.

Ueberraschung.

Der Genius lies sich in dem Musäum des Dichters nieder; er fand nur — seine Nachtmüzze. Hier ist meines Bleibens nicht! rief er, und schwebte behend nach dem Zelte des Kriegers. Auch hier nur der Hut allein! zürnte er, begann von neuem den Flug, und sank vor dem Schreibtisch des Staatsmannes nieder. Aber ach! auch hier fand er nur die feierliche Allongeperükke.

Wo

Wo sind meine Söhne? rief er wieder; himmlische Ungeduld sprühte aus seinen Augen, und er flog nun, von stiller Ahnung geleitet, zu seinen Töchtern.

Wie! flüsterte er, bei Horazia ankommend, hier keine Haube, aber — aber Verse! Verse in Menge! — Er sank unsichtbar in Hippolitens Gemach nieder, und sah sie mitten unter Landkarten und Planen. — keine Bänder hier! sagte er sich leise, doch Entwürfe zu Schlachten! Und wie er zulezt bei Zenobien ankam, und sie in Briefschaften vergraben fand, da erhob er abermals zürnend den Flug, doch diesesmal nach dem olimpischen Vaterlande. Wehmüthig blikte er herab.

Diese Erde, so schön, so reich, so reizvoll, so fruchtbar an Mitteln, was wird sie werden — werden ohne Männer, ohne Weiber, ohne Kinder — Werd' ich bei meiner Wiederkunft der Menschen Geschlecht noch finden?

———

10. Das

10.

Das Obbach.

Fröhlich wanderten Schaafe und Lämmer auf der grünenden, an würzigen Kräutern reichen Weide.

Plözlich erhoben sich die Bothen des nahenden Ungewitters. Dumpfes Geräusch wälzt sich über die Bergrükken, der Wind pfeift über Fluren und Heide, dröhnende Wolken ziehen am Himmel, der Staub der Erde wirbelt ihnen dunkel entgegen. Die Nachtigal schweigt, der Landmann sieht mit nassem Aug' auf seine Saaten, und hebt flehende Hände empor, die Natur hüllt sich in Nacht und Schweigen.

Da flüchtet die erschrokne Heerde nach dem dürftigen Schirm' eines nahen Busches; immer wilder braust der Sturm, dichter stürzen Regenguß und Hagelschauer herab, der Bliz zischt durch die seufzende Luft, schwere Donner rollen ihm nach, und immer enger drängt

drängt sich das zitternde und blökende Völk-
chen unter dem Dornendach' aneinander. –

Wie endlich der Himmel in Westen
sich wieder aufhellt, der tröstende Regenbogen sein Farbenspiel ausbreitet, Gras
und Blumen sich wieder aufrichten, da stö-
bert die erfreute Heerde aus der beschränk-
ten Freistätte; sich schüttelnd, wollen Schaafe und Lämmer freudig davon hüpfen: aber—
der Busch hält sie halb höflich, halb gewaltsam mit seinen dornigen Armen zurük; und
bittet sich ein kleines Schuzgeld an Wolle aus.

Wie! ruft der Widder — ist das deine
Wolthätigkeit? Nur kärglich schüztest du uns,
aber reichlich willst du dich bezahlen lassen!
Machtest du unsere Beraubung zu deiner Bedingnis? und was soll dir, dem nur Reichthum an Blättern frommt, unsere Beklei-
dung nüzzen, deren wir nun in der kühlen
Nacht mehr als jemals bedürfen?

Laß' das meine Sorge sein, versezte der
unerbittliche Busch. Dem grösern Uebel zu
entfliehn, habt ihr das kleinere erwählt. —
Unser Vertrag liegt in der Natur, er bedarf
keines ausdrüklichen Versprechens!

II. Zwer-

II.

Zwergenhände und Riesen= schwerder.

Stolz stand der Lorberbaum, in seinen heili=
gen Blättern rauschte der Genius des Erha=
benen, himmlische Lüfte spielten in seinen
Zweigen.

Da strekten sich aus dem Boden Zwer=
genhände empor, um das hehre Laub zu pflük=
ken: doch vergeblich suchten sie den Schmuk
des stolzen Baums zu erreichen. — Warum
entziehst du dich unserm Streben? riefen
schwache unterirrdische Stimmen: Neider!
beraube uns nicht des verdienten Lohnes!
Aber der Baum stand in stolzer Ruhe unbe=
weglich.

Riesenschwerder fuhren aus dunklen
Wolken, um sich Lorberzweige zu fällen; doch
auch die scharfe Klingen fassten das heilige
Laub nicht. Warum drükst du dich zu Boden?
riefen rauhe Stimmen aus dem Wolkenscho=
se — Neider! gieb uns den verdienten Sold!
Aber

Aber der Baum stand in stolzer Ruhe unbeweglich.

Pigmäen, seufzen um Lohn! rief der Genius des Erhabenen aus dem wallenden Wipfel, Giganten fordern Sold! ich pflükke der Größe Zeichen in dem grünen Heiligthum! — Er sprach es, und schwang sich mit der Lorberkrone himmelan.

12.

Das angebohrne Element.

Wirken möchte ich! rief der unruhige Geist Faniel — nicht beschauen! Wozu taugt mir dies mächtige Streben tief im Innern meines ätherischen Wesens, wenn ich das Unfruchtbare mühsam, und doch müßig beherbergen, und im Stolze der himmlischen Wohnung dafür Entschädigung finden soll, daß tief — tief unter mir auf dunkler Erde das Wesen, Mensch genannt, in rastloser Entwiklung seiner Kräfte reich und mächtig wird, und an Werth hoch über mir steht?

O glük=

O glüklich, dreimal seelig der Geist, wel=
cher zum Menschen gebohren wurde!

Er hatte kaum ausgesprochen, als es
wie ein süßer Schlummer über ihn kam; da
er wieder erwachte, fand er sich mitten im
blühenden Erdeleben, in menschliche Formen
eingehüllt: Innigen Dank sandte sein Auge
gegen den verlassenen Himmel; dann drängte
er sich mit der vollen Kraft der Sehnsucht
nach Wirkung in das neue Dasein, welches
ihn mit tausend Armen umfieng.

Von der Oberfläche gesättigt, begann
er die Tiefen zu erspähen. Er wühlte sich
in den Schoos der Erde, der Tag ver=
schwand, verborgne Schäzze erschienen ihm;
aber dann zwangen unterirdische Wässer,
giftige Dämpfe, erstikkende Dunstströme den
kühnen Wanderer zu der Oberwelt zurük.
Die reinere Luft erquikte den vergeblich
Zürnenden wider seinen Willen. Kann mir
diese Luft, rief er, nicht zum Mittelpunkt
der Erde folgen! kann ich ihrer nicht ent=
behren!

Er stürzte sich in den Abgrund der
Meere; Wunder rollten sich vor seinen

Blut

Blikke auf, er wollte sie festhalten, da trieb
es ihn mit Todesangst aufwärts — Er schuff
sich Taucherglokken, sein Wasserleben ver-
längerte sich durch künstliche Erfindungen;
doch unterbrach unerträgliche Beklemmung
seine schönste Wanderungen; ergrimmt suchte
er die verschmähte Luft, immer grollender
rief er aus: Warum folgt sie mir nicht!
warum mus ich ihrer bedürfen!

Trozzig unternahm er den Kampf mit
den Flammen. In nasse Hüllen gewikkelt
schritt er durch sie hindurch, den Bliz fieng
er auf, er spielte mit den Himmelsfunken.
Aber auch hier mahnte ihn die herrische Luft
an ihre Gewalt, und der kühne Feuerbändi-
ger muste den Zorn der Beschränkung tragen, und neuen, reinen Odem suchen.

Ich will dich regieren lernen! dich mir
gehorchen lehren! so rief er von neuem.
Aus den schöpferischen Händen gieng der
Luftball hervor; triumfirend schwebte er auf
dem unterjochten Elemente, pfeilschnell über-
schwebte er der höchsten Berge Spizzen, durch-
bohrte die donnernde Wolken, und schwang
sich zu den unermesslichen Räumen empor,
                                    von

von wannen sein Wunsch ihn nach der Sfäre
der Beschränktheit herabgetragen hatte. Aber
mitten im stolzen Gefühle seines Sieges um-
faßte diese den kühnen Segler: der Frost
nagte an seinen Gebeinen, das Blut stokte in
den zitternden Adern, der beklemmte Busen
drohte zu zerspringen: die immer wiederkehrende Todesangst drängte den Strebenden
in die Schranken zurük, binnen welchen allein die Sterblichkeit bestehn kann.

Verzweiflungsvoll suchte sein Blik, im
Blikke der bittre Vorwurf den verlassenen
Himmel, der ihn zurükzustosen schien.

Du neidetest das Loos des zum Menschen
gebohrnen Geistes! rief eine Stimme herab — lerne auch die Bedingnis des irrdischen Daseins, lerne das angebohrne Ele-
ment tragen!

————

13. Der

13.

Der Schein der Ehre.

***

Das Papier. Ohne mich ruhte das unsterbliche Werk noch im Schoose des Nichts!

Die Dinte. Lumpenkind! wozu half deine jezt glatte Haut ohne mein belebendes Schwarz?

Die Feder. Die Prahlerei steht dir wol an, du Saft des Gallapfels! Wenn dich mein Zauber nicht zur Hülle der Gedanken bildete, so waren sie für den verstehenden Geist verlohren.

Das Federmesser. Was das Eisen ohne die Stählung des Waffenschmides ist, das bleibst du, Gansszierde, ohne mich!

Die Büste. Schweigt alle, ihr jämmerlich Gesindel! Mein Kopf gab euch Thatkraft und den Stoff dazu.

Das Buch. Du bist nur das Bild meines Vaters, und erbärmlicher wie sie alle: sie wirkten als Werkzeuge, du bist nur der Wiederschein des Genius, der sie leitete.

Der

Der Mensch. Ehrt meine Hand, Instrumente! Erzeugter! ehre mein Bild! Bild! stelle mich stumm vor! Ihr alle kennt nur den Schein der Ehre: in mir ruht der Lichtquell!

Der Unsichtbare. Der Funke in dir! über den Wolken der Quell!

14.

Gabenwechsel.

Ich wünschte zu wissen, ob das Thierrecht uns Feld-Hasen nicht eben so vollgiltig behandelt, als euch seidenhaarige Kostgänger des Menschen? Und doch. —

Der Seidenhase kaute seinen Salat fort, ohne sich um die Ausrufungen des beschwerdevollen Stiefbruders zu bekümmern.

Und doch, fuhr dieser fort, ist unser Loos so unendlich verschieden! dich verwahrt er eben so sorgfältig, als er uns verjagt; dich pflegt er so gütlich, uns gönnt er den

Bissen Kraut nicht; dein Leben ist ihm werth,
nur unser Tod stellt ihn zufrieden!

Man merkt es doch — unterbrach der
Parkbewohner sein Abendessen — daß du in
der wilden Einsamkeit, ohne Welt= und Men=
schenkenntnis dahin lebst: ausserdem könnte
dir's unmöglich entgehn, daß du nach deiner
Lüsternheit den Menschen benaschest, während
ich mit dem zufrieden bin, was er mir reicht;
und wie demüthig ich ihm meine Wolle dar=
bringe, indessen du ihm nur etwas frommest,
wenn du in seiner Schüssel räuchst. Gieb
mir deine Freiheit, und werde wolgemäste=
ter Seidenträger!

Der Rammler schoff, ohne zu antwor=
ten, in Säzzen davon.

15.

Der Punkt der Entscheidung.

Unmuthig lag die Glasperle unter der Zahl
der ächten: immer wurde ihre innigste Sehn=
sucht, immer ihre schönste Hoffnung, auch für
eine

eine aus diesen zu gelten, bitter getäuscht.
Endlich kam die Reihe des Besehens und
Prüfens an einen Nichtkenner; der listige
Verkäufer erregte die Luft des Käufers durch
künstlich berechneten Widerspruch: dreifach
bezahlend, erhandelte er sich das Vergnügen,
Recht zu behalten, trug seinen Schaz im
Triumfe davon, und reihte die hoch Erfreute
mitten in das Halsband, welches er seiner
Schönen zum Geschenke gab.

Am Halse der reizenden, vielgeehrten und
geliebten Dame, so nah an dem schönen weissen Busen, wie hätte dort noch ihr Werth
bezweifelt werden können! Alles hatte nur für
die Besizzerin Augen, und nur Worte, um
ihren Schmuk zu loben. Unsere Perle genoß
mit vollen Zügen die Wonne, nach welcher
sie so lange gegeizt hatte.

Aber zu lebhaft ergriff sie der Kontrast
zwischen äusserm Glükke und innerm Ver-
dienste. So weit hab' ich es denn endlich
gebracht, rief sie eines Abends im Kreis' ihrer edlern Gespielinnen auf dem ruhigen Puz-
tische — euch bin ich gleich geworden, euch,
die ihr sonst schnöde und verächtlich auf mich
herab-

herabfaht: lernt jezt es ertragen, daß auch
mir Gerechtigkeit zu Theil' wird.

Nennst du Zufall Gerechtigkeit? rief eine
der ächten Schwestern. Oder Verblendung?
fiel die zweite ein. Kennte man dich erst!
fuhr eine dritte fort — Und dankst du uns
so unsere Duldung? die vierte. Fühlt eure
Würde, sprach die fünfte, und laßt sie!

Aber die Dame hatte auf ihrem Sofa
die flüsternde Perlstimmen vernommen, und
flog schnell zur Untersuchung der Wahrheit
herbei. Gerechter Himmel! schrie sie mit Ent-
sezzen — diese Glasperle konnt' ich verkennen und tragen! hinweg mit der Lügnerin!

Sie rollte, aus dem Halsbande gerissen,
am Boden; der niedlichste Fus zertrat ihr
gläsernes Dasein noch an demselben Abend;
und am folgenden Morgen schrieb die niedlichste Hand dem Geber ein herbes Verab-
schiedungs-Briefchen.

***

Aber! bat der Arme zu den schönen Füs-
sen niederkniend, verdient das Versehen so
harte Strafe? kann der heisse Wunsch, Ver-
gnü-

gnügen zu machen, nicht die unvorsichtige
Befriedigung bei der Güte entschuldigen?
wird die holde Milde, diese liebliche Schwester der Schönheit, unerbittlich sein?

Dem Flehenden wurde Verzeihung, und
noch mehr — Versöhnung — als er mit ver-
gütender Hand eine neue schönere Perle an
die Stelle der Verstoßenen einreihte. Listig
lächelnd schlich er hinweg, fröhlich flatterte
die Schöne in die harrende Welt.

Doch am nächsten Morgen schon war
die neue Täuschung sichtbar. Dies warme
Leben der wallenden Brust hatte die glänzende Hülle um das feine Kunstwerk aus Ala-
baster beschädigt: an dieser sanften Glut war
manches Männerherz, aber auch die römi-
sche Perle geschmolzen, und unsere Dame
außer sich.

Diesmal hat er mich täuschen wollen!
rief sie entrüstet — er verdient kein Brief-
chen der Verbannung mehr, aber meine Thüre sei ihm verschlossen!

————

Ver=

Vergeblich erschien nun am Puztisch der Zürnenden die köstlichste Orientalerin, um den doppelten Frevel auszulöschen. Sie wurde zurükgeschikt, nachdem sie kaum ein flüchtiger Blik geehrt hatte.

Vergeblich begleitete sie das zweitemal das zierlichste Blatt mit süsen Worten, die von aussen schon durch weinende Genien und schmeichelnde Vignetten verkündigt wurden. Zwar schenkte man der schuldlosen Perle einige Blikke mehr, aber sie muste mit den trostlosen Genien zurük.

Vergeblich schilderte das drittemal eine beredte Freundin als Vermittlerin die liebende Feinheit des Gebers, welcher auf zwei so schön bestandene, so hell beleuchtende Proben — nicht Prüfungen — des reinen Geschmaks, des treffenden Blikkes das längst vorbereitete wahre Opfer seiner Huldigung folgen lasse. Der angebliche Plan wurde verworfen, eine flüssige Perle, die Thräne der Entsagung, rollte auf die lang' beschaute Orientalerin herab, aber — es blieb bei der Verbannung des täuschenden Prüfers.

16. Das

16.

Das ehrenvolle Amt.

Der Blizstrahl. Mein treuer Begleiter!

Der Donner. Stolzer! Dein Vollender.

Blizstrahl. Mein Gefolge!

Donner. Vergänglicher!

Blizstrahl. Unser Bund ist unzerreißbar — laß' uns Freunde bleiben.

Donner. Fühlst du meine Nothwendigkeit?

Blizstrahl. Wol denn! sei ohne mich etwas!

Donner. Ich fülle den hohen Himmel mit meinem majestätischen Hall' aus.

Blizstrahl. Ich leuchte und treffe!

Donner. Mir erbebt die Erde, und alles was auf ihr lebt.

Blizstrahl. Nach deinem Laute berechnet sie die überstandne Gefahr meiner Glut.

Don=

Donner. Die Luft ist mir unterthan —

Blizstrahl. Von mir gebeugt.

Donner. Deine Wirkung verfliegt — ich halte sie fest!

Blizstrahl. Du bist mein Geschicht-schreiber.

Donner. Ist mein Amt nicht ehren-voll?

Blizstrahl. Das ehrenvollste nach jenem des Helden!

17.

Der Neuling.

Dränge dich mir nicht so frech nach! rief die uralte Eiche der himmelanstrebenden jüngern zu.

Innere Kraft treibt, dein schönes Bei-spiel zieht mich fort.

Sollen Schmeicheleien mich blenden? Als du, noch ein kaum sichtbarer Keim, dem Waldboden entsprosstest, trozte ich schon Jahrhunderte dem Ungestüm der Luft, der

Stür-

Stürme Wuth, dem Strahl der Gewitter. Lerne dich in deine Grenzen einschränken, du — Neuling!

Die jüngere Eiche schwieg edel-beschei-den, obgleich auch sie schon ihr erstes Jahr-hundert überzählte. Wessen ist, fragte sie ei-nige Minuten später, wessen Rest ist wol der zertrümmerte, verwitterte, hohle Strunk dort?

Das Alter wird für die Gegenwart ver-geßlich, indessen die Vergangenheit mit leb-haften Farben in seiner Erinnerung glüht. So verbreitete sich auch unsre alte Eiche, des neuen Vorwurfs nicht mehr denkend, mit sichtbarem Wolgefallen über die verjähr-te Geschichte jenes ausgehöhlten Baum-stamms, der ihrer Vorgängerin an dieser Stätte angehört hatte, nun allein noch von ihr übrig war, und sich mit seinem Ursprung' im grauesten Alterthume verlor.

So hatte denn — nahm endlich die junge Eiche das Wort — auch dein Keim einen Zeugen! Wurdest du darum weniger herrlich? und hat nicht das verjüngte Nach-streben nun auch Anspruch auf deine Ach-tung?

———

18. Die

18.

Die Glüksschwelle.

Der Jahrmarkt hieng seine bunte Dekke über den Marktflekken; ländlicher Luxus hielt in lüftigen Buden feil, ländliche Lüsternheit lustwandelte zwischen den lokkenden Reihen, ländliche Fröhlichkeit lachte aus den Mädchen, und bahlte aus den Jungen. Lüstern, froh, aber arm, schlenderte einsam und alles beschauend der rothwangige Waldo umher.

Kinder! rief der heisere Inhaber des Glükstopfes — Kinder, herbei! versäumt die gute Stunde nicht! versäumt nicht das grose Loos — hier giebt's zu gewinnen — Dosen, Korallen, Scheeren, Tücher, schöne Sachen in Menge um einen Spott=Einsaz.

Die junge Welt drängt sich zur Glüksschwelle, sezt, würfelt, gewinnt, fehlt, sezt wieder; lustiges Getös erschallt, die Gewinnste glänzen und blenden. Traurig sieht der arme Waldo zu, begehrlich krampft sich die
Hand,

Hand, aber ach! in seiner Tasche findet sich
kein dürftiger Heller, und die Hand fährt
kummervoll in die volle Lokken.

Da leuchtet ein Gedanke durch den elek-
trisirten Kopf — ein grofer Gedanke. Hinüber fliegt er zum Haarhändler, schnell ist
der Kauf abgeschlossen, der schönste Haar-
wuchs wird unbarmherzig gemäht, und die
kaum noch des armen Hiobs würdige Hand
füllt sich mit blanken Silberstükken.

Unser neuer Kahlkopf springt entzükt zurük, drängt sich nun mit wilder Freude au
die heiss ersehnte Glüksschwelle, sezt den Er-
lös seines Schopfs, wirft, gewinnt — ach!
einen Kamm!

19.

Unwillkommene Rettung.

———

Der Schmetterling sonnte sich, indem er
Ambrosia schmauste. Leichtsinniger! rief ihm
die Nelke zu, wie wenig verdienst du das
rege Leben, zu welchem die Natur dich aus-
statte-

ftattete! — Ob ich's verdiene, weis ich nicht,
verfezte er luſtig, indeſſen genief' ich es. —
Laſſ' mich, flüſterte ſie, laſſ' mich! Iſt es
nicht hart genug, in träger Ruhe an dieſe
Stelle gebannt zu ſein! mus ich auch dich
noch dulden?

Schon war die Hand des Mädchens
nah, die ſchöne Nelke zu pflükken; aber die
holde Jungfrau hörte die Worte, welche die
Blume ſprach, und haſchte den Schmetterling. Befreien will ich dich, ſagte ſie, doch
nicht brechen. Rechneſt du es für nichts,
die Zierde des Gartens zu ſein, und in ſanf-
ter Stille den köſtlichen Duft aushauchend,
zu ergözzen?

Die Nelke ſchwieg. O gieb mich los,
ſchöne Tochter des Thals, bat der Schmetterling — kurz iſt mein Leben, darum erhielt
ich die Flügel, um welche mich die arme
Hübſche hier beneidet: daß ſie ſelbſt nicht
flattern kann, kümmert ſie; nicht, daß ich ſie
umflattere!

Fragend ſah die Jungfrau nach der Nelke, die immer noch ſchwieg. — Fliehe hin,
ſagte ſie, indeſſen er fröhlich ihren niedlichen
Fin-

Fingern entschlüpfte, zu dem Stuzzer der Luft, und zu der glühenden Nelke: Die Rose hätte anders gesprochen und anders geschwiegen.

20.

Der Weltzögling.

***

Zwei Freunde fanden zwei Diamanten. Gemeinschaftlich erfreuten sie sich des köstlichen Fundes, beflügelt eilten sie der Heimath zu, emsig und unverdrossen schliffen sie die rauhe Kieselhülle ab, und bald lohnte der Anblik der strahlenden Gediegenheit ihren verbündeten Fleis.

Was machen wir nun mit unsern Schäzzen? fragte der jüngere Mildar den ältern Erno.

Sieh diesen einfachen Goldreif, versezte Erno. Er soll meinen Stein faßen, und so will ich ihn an meinen Finger tragen.

Und ihn in deiner Einsamkeit vergraben?

Ich

Ich bin reich im Bewußtsein des hohen Werthes.

Vergieb mir! zeigen will ich den meinigen — gefallen soll er, und gelten.

Und dann?

Neiden werden mich die Armen, die Reichen werden wetteifern, ihn zu besizzen.

Und du?

Ich werde stolz in dem Gefühle dessen, was ich besizze, den Armen zurufen: Findet wie ich! und den Reichen: Bildet gleich mir! — Du lächelst?

Folge deinem Genius! sprach ruhig und freundlich Erno.

Mildar folgte dem Genius, der sich unruhig in seiner Brust drängte. Alles schrie laut über Schönheit und Werth seines Diamants auf; alles wollte ihn sehn, ihn haben — Große Summen boten die Reichen, verkleinernd nannten die Armen den Stein unächt. Mildar belächelte mitleidig diese, und sich klug wähnend, bedung er sich Gold für das Ausleihen seines Schazzes, doch zum Verkaufe konnt' ihn niemand bewegen.

Gold=

Goldſtükke ſtrömten dem Verleiher zu,
von Hand zu Hand gieng der Stein, nur
ſpäte kehrte er zu dem Eigenthümer zurük,
der, ſchwere Geldſäkke ſchleppend, ihm nicht
geſchwind genug folgen konnte, und zulezt,
wie er ſich in Gefahr ſah, den koſtbaren
Stein zu verliehren, einen Theil der ſauer
errungenen Münze in den Strom warf, um
den fliehenden Entlehner zu haſchen.

Aber ach! wie fand er ſeinen Stein
wieder! Fazette um Fazette hatten die vor=
übergehende Beſizer an die herrliche Maſſe
geſchliffen; jedem war er noch zu einfach ge=
blieben, jeder wollte Spuren ſeiner Einwir=
kung zurücklaſſen; mit grollendem Auge und
heiſſen Thränen drükte Mildar den Verwan=
delten an die Bruſt; und immer grollender
wurden ſeine Blikke, heiſſer ſeine Thränen,
als er, zu Erno ſich flüchtend, die erhabene
Einfalt des ſorgfältig bewahrten Zwillings=
diamanten anblikte.

Erno küſſte den Trauernden tröſtend.
Du wollteſt, ſprach er, daß er gefalle!
Gold gaben dir die Menſchen dafür, aber
ſie ſchliffen an dem Werthe! Mir iſt der

Ein=

Einsame geblieben, dir wurde der Welt=
zögling.

21.

Der räthselhafte Tod.

————

Ach! vor Estella's Thüre fanden sie einen
kleinen, niedlichen Amor — todt! Klagen
ertönten, Thränen flossen, mit Blizzesschnel=
le verbreitete sich die Trauerpost im freund=
lichen, bevölkerten Thale. Alles läuft, al=
les rennt, alles spricht und schwazt und
plaudert: alles zerbricht sich den Kopf über
das Unglük und sein Warum.

Seht, wie er bleich ist! sagt der; o! er
starl Hungers, die — Nein! die Kälte war
sein Tod, fiel der dritte ein; die Unbarm=
herzigen im Hause, sie liessen ihn nicht ein!
die vierte. Wie Schade, das schöne Kind!
— der herrliche Kleine! — Nein! nein! so
verhält sich die Sache nicht — Doch! doch!

Jeder blieb auf seinem Sinne, der Aer=
ger mischte sich ins Spiel, man wurde böse,

man

man wurde hizzig, man erhob immer lauter die Stimmen, immer heftiger die Hände — da erschien ein Sohn Aeskulaps, und sprach mit bedachtsamen Lehrton': Kinder! nur die Sekzion mag entscheiden.

Alles schrie Beifall, der arme Amor sank in die anatomischen Hände, und bald lag die Lösung des Räthsels vor den prüfenden Blikken: hundert Jahre hätte der gute Liebliche alt werden können; nicht Grausamkeit, allzugütige Vorsorge hat ihn erstikt.

22.
Die drei Gelübbe.

Deine Bitten sind umsonst, schlauer Näscher rief der Löwe; ich habe dem Menschen das Gelübde gethan, seine Jagd vor deinen Nachstellungen zu schüzzen. Du haschest seine junge Häschen, und die kaum befiederte Rebhüner — stirb.

Damit zerriß er den sich schmiegenden Fuchs.

Winsle nicht länger, sprach er am folgenden Tage zu dem jammernden Hasen, alles Flehn ist vergeblich. Ich habe dem Menschen gelobt, seine Saaten und Krautfelder vor deinen unaufhörlichen Streifzügen zu beschirmen. Hinweg mit dir!

Der sich kläglich dukkende Ramler war zerrissen.

Ergieb dich in dein Schiksal! brüllte er am dritten Tage dem Menschen zu, der sich unter den mächtigen Pranken wand — das hilflose Krauthaupt hat mich angerufen, du zehrst unersättlich alles um dich her auf. Ich habe das Gelübde abgelegt, deinem Unwesen zu steuern; daran sei dir genug!

23.

Der Perpendikel.

Vor Jupiters Throne warf sich die trostlose Zeit nieder. Ich bin deine älteste Tochter, grofer König des Weltalls, rief sie, und dein jüngster Sohn, der Erdebewohner maßt

sich's

sich's an, mich, die ihm Unbegreifliche, die
ich sein Dasein umfasse und beherrsche, an
sein elendes Machwerk zu heften.

Wie vermag er das? fragte der Vater der Götter und Menschen mit hohem
Ernste.

Dir, Allwissender, könnte der Frevel
wirklich noch verborgen sein? Dir wäre die
Maschine unbekannt, mit welcher er mein
Maas zu haschen, mich Unsichtbare zu verkör-
pern, meinen geheimnisvollen Lauf abzuzäh-
len wähnt?

Wähnt er es nur, dann kannst du ruhig
sein.

Er thut mehr — er unterfängt sich, es
zu vollführen. Der Perpendikel seiner Uhren
beleidigt mein Wesen, und er nennt ihn —
o des Frechen! — den Puls der Zeit.

Schnizt er nicht auch mein Bild aus Holz
und Stein, um es — anzubeten? Daß der
Pulsschlag seiner Thätigkeit, seines Lebens
und Webens in deine heilige Regel passe,
dazu erfand sich der Geist, welchen Prometheus hier oben entführte, dein Maas. —
Was mir seine Tempel sind, sind seine Uhren

dir,

dir, und der Perpendikel, welchen du anklag'st, ist dein Priester.

24.
Gleiche Rechte.

Die Unterdrükkung hat ihr Ende erreicht, rief der Finke; ich gelte soviel, als du, stolzer Adler.

Ruhig antwortete der Adler: Gelte, was du kannst; für jezt sieh einen Augenblik zu!

Unsere Rechte sind gleich! schrie neben ihnen der muthwillige Hänfling nach dem Raben hin.

Spöttisch versezte der Rabe: Wer am schnellsten faßt, am festesten hält, wird sich dabei am besten befinden.

Uebernimm dich ferner nicht, zwitscherte zornmüthig in freier Luft der Waldtauber zum Sperber — wir stehn jezt auf einer Linie!

Nun! rief der Sperber, der mit Blizschnelle herabschoß, den Tauber krallte und ihn zerriß.

O weh!

O weh! seufzte der Finke. Ich bitte dich, mächtiger Adler, gelte du alles, was du bist, damit wir in Ruhe singen können, und die Sperber uns mit der gleichen Linie verschonen.

Ruhig fragte der Adler: Meinst du nun?

25.
Das hohe Gut.

Die Rose glühte stolz am stattlichen Busch. Sieh herauf zu mir, kleines Ding, sprach sie geringschäzzig zum nahen Veilchen, das sich schüchtern im thauigen Grase barg: sieh, wie ich in meiner Fülle prunke,—von grünen Blättern demüthig umgeben, von scharfen Dornen bewacht, von lauter Bewunderung gefeiert! Sie ist mein Antheil, das hohe Gut ist sie allein.

Sanft duftend trank das Veilchen einen kristallenen Thautropfen, und — schwieg.

Die Gärtner wandelten umher, Blumen für die heutige Festtafel ihres Gebieters zu sam=

sammeln. Ueberrascht und freudig standen
sie vor der prächtigen Zentifolie still; sie
hätten sie gerne gepflükt, aber zu herrlich
schien sie ihnen, um der vorübergehenden
Glorie weniger Stunden geopfert zu werden.
Da trat scheltend der Obergärtner unter die
Staunenden. Wie! rief er, lang' und sorg=
fältig hab' ich Stok und Knospe gepflegt,
heute kann sie mir Ehre und Lohn gewäh=
ren, und ihr — ihr steht noch an! Er hob
die Prunkende aus der Umgebung grünen=
der Blätter und scharfer Dornen, und trüg
sie, von dem bewundernden Haufen begleitet,
davon, indem er lächelnd nach dem Bluts=
tropfen sah, den ihm die schöne Beute gekostet
hatte. Goldpflaster, sprach er, wird dich
vergüten.

In sich geschmiegt sah das Kind der
Natur, das Veilchen, vom Gärtner nie ge=
pflegt und beachtet, aus der sichern Frei=
stätte der entführten Stolzen nach. Wol,
lispelte sie, wol wohnt das hohe Gut nicht
in der Höhe: mir, der Niedern, blieb es
in Freiheit und Selbstgenuss.

___

26. Der

26.

Der graue Lehrling.

———

Der Khan. Laß' mich, ich will nichts mehr von dem Geschwäzze hören.

Der Emir. Zerreiße mir das Herz nicht.

Khan. Und du mir nicht die Ohren. Fünfzig Jahre gellen sie mir nun schon von der ewigen Wiederhohlung: Tugend! — —

Emir. Sie soll kein Paradepferd sein, sondern ein gutes, edles Roß zur langen Reise voll Beschwerden: wer dieses zur Schaulust abrichtet, hört auf, reiserüstig zu bleiben.

Khan. Ich bat dich — mus ich befehlen? Grau bin ich in meinen Erfahrungen geworden.

Emir. Und ich in meinem Glauben.

Khan. Nun! so laß uns beide bleiben, was wir sind, und unserer Ruhe schonen.

Emir. Der Stolz der Tugend, welcher andere und sie selbst als Werkzeuge

opfert

opfert, führt nur zu leicht zur Selbstsucht, so wie versilbertes Kupfer leicht den giftigen Grünspan zeugt.

Khan. Ich liebe die Vergleichungen nicht: doch sage ich dir, meine Versilberungen gelangen, und auch der Grünspan ist nothwendig. Damit segne dich Allah!

Emir. Gehabe dich wol, ich kehre in meinen ruhigen Kreis zurük, wo ich mich des reinen, zusazlosen Silbers freue.

————————

Der Kadi. Du hast mich rufen lassen, erhabner Herr!

Khan. Man klagt über dich.

Kadi. Das heißt — über das Gesez?

Khan. Du irrst — über des Gesezzes Vollstrekkung.

Kadi. Das kann nicht sein.

Khan. Es ist, sag' ich dir.

Kadi. Herr! du gabst den Stab der Gewalt in meine Hand —

Khan. Für's Rechte und Gute!

Kadi.

Kadi. Dein Gebot ist meine Richt=
schnur — nie gieng ich darüber hinaus, nie
blieb ich unter ihr —

Kahn Doch warst du — grausam und
ungerecht.

Kadi. Ich blieb bei dem Buchstaben.

Khan. Und dein Inneres?

Kadi. Herr! die Tugend des Richters
ist strenge Befolgung des Gesezzes.

Khan. Und dein Inneres?

Kadi. Herr! (lächelnd) Davon hast du
nie Rechenschaft gefordert, das überliesest du
mir selbst.

Khan (aufgebracht). Doch fordere ich
Tugend von dir!

Kadi. Deine Tugend, so sprachst du
oft zu mir, sei Erhaltung des öffentlichen
Ruhestandes. (fest) Ich hab' ihn erhalten.

Khan (betroffen, nach einer Pause). Geh!
(Allein) Emir! Emir!

———

Khan. Gold bedarf der Schazz, doch
Thränen und Seufzer will ich nicht.

Der Schazmeister. Herr!

Khan.

Khan. Noch minder Flüche und Verwünschungen!

Schazmeister. Kann ich für Wider-
spenstigkeit, für Armuth, für Verzweiflung?

Khan. Mensch sollst du bleiben, wenn
du gleich Schazmeister bist.

Schazmeister. Den Kopf des Menschen erklärte der Gebieter verantwortlich
für Ordnung und Treue —

Khan. Ja, das ist er!

Schazmeister. Meine Tugenden seien
das, erklärtest du, erhabner Herr! Ich erfülle sie —

Khan. Aber, hast du bei der Sorge
für meine Börse kein Herz mehr?

Schazmeister. Es würde mich meinen
Kopf kosten.

Khan (betroffen). Mensch! (sich fassend)
Geh! geh! (Allein) O Emir!

———————

Der Aga. Ich sehe dein Auge glüh'n —

Khan. Du sahst richtig. Was gebot
ich? —

Aga. Sieg!

Khan.

Khan. Und — Menschlichkeit!

Aga. Den Sieg, zuerst!

Khan. Das Blut der Wehrlosen?

Aga. Den Sieg!

Khan (den Säbel zukkend). Ist das deine ganze Antwort?

Aga (fest). Tapferkeit ist des Kriegers Tugend, so rief mein Gebieter, jubelnde Heerscharen hallten es laut nach — Sieg oder Tod — Gesiegt hab' ich, zittern lernt' ich nicht — Nüzt dir mein Tod, hier ist — (den Nakken darreichend) mein Haupt!

Khan. Weiber! Kinder erwürgt! Mordbrand! Plünderung!

Aga. Der stürmende Krieger schnaubte zwischen Tod und Lorber; sein Busen kochte, sein Stahl schlug — die Wogen rissen den trozzigen Damm nieder, und spülten die nahe Hirten und Heerden mit hinweg.

Khan (betroffen). Dafür sezt' ich dich zum Haupte.

Aga. Sieg hattest du geboten, ich war Steuermann — das Schiff konnt' ich lenken, doch den Orkan nicht.

Khan.

Khan. Fort! fort! — (Allein) O wahr-
sagender Emir!

———

Der Khan. Mollah! ich bin unzufrieden.

Der Mollah. Das verhüte Allah!
grosmächtigster Herr.

Khan. Zum Verhüten bestellte er
dich durch mich.

Mollah. Ich thue mein Möglichstes.

Khan (rasch). Nein!

Mollah. Ich lehre Tugend —

Khan. Uebst du sie auch?

Mollah. Ich bestrebe mich —

Khan. Antwort will ich! Uebst du sie?

Mollah. Soviel, als — schwache
menschliche Kräfte — — vermögen —

Khan. Dein dürftiges Beispiel allein wirkt's nicht.

Mollah. Herr! du —

Khan. Du must aus voller Seele —

Mollah. Nur jenes Beispiel hast du
mir zur Tugend, zur Pflicht gemacht.

Khan. Du träum'st —

Mol-

Mollah. In der Laube deines Gartens am Fluſſe — ich weis noch —

Khan (betroffen). Genug — geh! ich finde dich wieder. (Allein) Emir! o Emir!

———

Khan. Weſir, du muſt dich beſſer zuſammen nehmen.

Der Weſir. Grosmächtigſter! ich arbeite — —

Khan. Nicht genug.

Weſir. Vom Morgenroth bis drei Stunden nach Sonnen=Untergang.

Khan. Nicht genug.

Weſir. Woran gebricht es, mein Gebieter?

Khan. Am Geiſte —

Weſir (erröthend). Den ſprachſt du ſonſt deinem treuen Oglu zu.

Khan. Noch! doch hauch' ihn auch weiter!

Weſir. Nur das iſt mein Geſchäft.

Khan. Am innerſten Weſen der Geſchäfte fehlt es.

Weſir.

Wesir. Herr! du thust mir wehe!

Khan. An Lust und Liebe der Menschen ermangelt's.

Wesir. Sehr wahr!

Khan. Es gebricht am innigen, warmen Sinne —

Wesir. Wolltest du den?

Khan. Welche Frage!

Wesir. Dazu gehört — Tugend.

Khan. Sie!

Wesir. Wolltest du sie? Aber du nanntest sie niemals; mit dem Gang' der irrdischen Maschine zufrieden, verlangtest du nie von uns die himmlische Triebfeder.

Khan. Wesir! Wesir!

Wesir (niederfallend). Mein Kopf liegt zu deinen Füßen.

Khan (hinwegeilend). Mit Tugend im Busen, läge er so nicht. O mein warnender Emir!

––––––––

Khan. Du widerstehst mir — in deinen Armen sucht' ich Ruhe — Trost am sanften weiblichen Herzen.

Die

Die Sklavin. Man verkaufte dir meine Freiheit — — —

Khan. Du gehörst meinem Harem.

Sklavin. Mein Herz behielt ich.

Khan. Du bist so schön —

Sklavin. Im Herzen das Bessere.

Khan. Sei mir alles —

Sklavin. Du bist es nicht mir!

Khan. Was hoffst du vom Widerstande?

Sklavin. Nichts.

Khan. Und doch?

Sklavin. Erhält er mein Alles.

Khan. Kühne! was?

Sklavin. Tugend.

Khan (betroffen). Glaubst du an sie?

Sklavin (innig). Unglüklicher! daß du fragen kannst!

Khan. In meiner Brust erwacht —

Sklavin. Ihre Ahnung?

Khan. Das erstorbene Vertrauen lebt auf —

Sklavin (ihn an sich schliesend). Hier lerne es immer leben.

Khan. Nimm den grauen Lehrling —

Skla=

Sklavin. Liebe und Tugend verjüngen.

Khan. O mein guter Emir!

27.

Das Friedensthal.

Die Thiere wurden des beständigen Strei=
tens unter sich müde. Wie hart ist doch un=
ser Loos! so klagten sie, daß ewiger Unfrie=
de unser Leben beherrscht, und die schönsten
Augenblikke mit seiner grausamen Geisel
peitscht! Wo finden wir Ruhe und Fried=
lichkeit, die süse Himmelsgaben?

Plözlich lies sich die Weltbereiserin
Schwalbe bei der trostlosen Menge nieder,
und zwitscherte Freudenpost. Ich habe das
Friedensthal entdekt! rief sie; das Ende eu=
res Jammers ist vorhanden! Gebt mir Ab=
geordnete mit, ich führe sie dahin, und wir
bringen euch nicht nur nähere Kunde, son=
dern auch Hilfe!

Lauter

Lauter Jubel dankte der Entdekkerin. Mit schneller Wahl gesellte ihr die Versammlung die melodische Lerche, den leichtgesinnten Sperling und die kluge Eule zu. Die Gesandtschaft flog ab.

Das Friedensthal löste sich, wie so manche glänzende Ansicht der Bereiser, ganz einfach in die stille Wohnung einer Biberfamilie auf. Das Haupt der ruhigen Kolonie empfieng die geflügelte Abgeordnete höflich — mehr noch, mit wahrer Herzlichkeit, und sprach patriarchalisch bescheiden: Lafft's euch nicht wundern, daß wir zanklos in fröhlich-friedlichem Lebensgenusse verharren. Bei uns erstikt Liebe zu einem Ganzen den Keim der Streitsucht: regelmäßige Beschäftigung thut das Uebrige. — Ihr lächelt! Ein Geheimnis versprach ich euch ja nicht, wenn ihr gleich eines hoffen mochtet: doch — er lächelte jezt selbst — etwas Geheimnis-Aehnliches folgt noch; wir haben denn doch eine Art von Talisman. Wann die thierische Gebrechlichkeit es zulezt noch zum Streite kommen läfft, so wird er schnell beigelegt, weil bei uns — immer nur ein Theil Unrecht hat.

28.

Adlersflug,

Von Zorn und Neid angeschwollen, richtete
sich die Schlange auf, und zischte dem Adler,
der hoch über ihr in den Lüften schwebte,
mit giftiger Zunge Wuth und Kampf zu.

Ernst blikte Jupiters Vogel auf den krie-
chenden Feind herab, der sich vergeblich zur
Gröse emporringelte. Schaffe dir erst Adlers-
flug an, rief er ihm ruhig zu: dann will ich
mit dir kämpfen; doch — herabsteigen zu dir
werd' ich nie.

29.

Eigner Unwerth.

Warum gedeiht bei uns kein Honig? fragte
die Hummel. Sind wir doch gebaut wie ihr,
und gröser; um so trefflicher sollte der Erfolg sein!

Schalk-

Schalkhaft, aber ohne zu erwiedern, be-
trachtete die Biene die brummende Sprecherin.

Du antwortest nicht! du scheinst meiner
zu spotten! Gedenke meines Stachels.

Auch ich führe ihn, versezte nun die
Biene; wenn gleich kleiner, als der deinige,
ist er eben so spiz.

Antworte mir!

Das ist bald geschehn — Euch gelingt der
Honig nicht, weil ihr ihn bequemer — bei
uns stehlt!

30.

Der Lampe Irrlicht.

Der sterbende Vater sprach zu seinem ältesten Sohne: Geliebter, das Machtgebot der
Nothwendigkeit zwingt mich, in den Schoos
des Geheimnisses zu steigen: auf diesen Augenblik hatte es der Wille des verleihenden
Schiksals aufgespart. In unserm Hause ist
ein Talisman erblich, welcher einmal vom
Tod' errettet: doch ihn eher zu gebrauchen,

bringt

bringt selbst den Tod. Steige hinab in das unterste Gewölb' dieses Hauses; eine Lampe wird dir den Weg zeigen, nimm dich zusammen, verirre dich nicht — ich darf dir den Talisman nicht beschreiben, aber er kann dir nicht entgehn, bleibst du besonnen. Eile, Geliebter, sei deiner mächtig, gedenke, daß es um das Leben deines Vaters gilt.

Der Sohn küßte den Vater innig, eilte bewegt von dannen, flog die Stufen hinab, fand Gewölb' und Lampe, suchte im dämmernden Lichte der Schwankenden, suchte und fand nicht. Und immer höher schlugen seine Pulse, unruhiger trieb es ihn umher, ängstlicher haschte er nach der fliehenden Besonnenheit — vergeblich, die Bewegliche entschlüpfte, der Lampe Schimmer wurde zum Irrlicht, geblendet und taumelnd sank der Arme am Boden hin.

Geliebter, sprach der Vater zum zweiten Sohn, bringe mir den Talisman aus dem Gewölbe; dein Bruder stieg bereits hinunter, aber er wird ihn gesucht, und sich verlohren haben. Die Lampe ist hell, doch auch mißlich: bleibe besonnen, und erhalte dir den Vater.

In

In tiefen Gedanken küßte der Sohn das
bleiche Antliz, ernst und behutsam stieg er die
Stufen hinab, ahnungsvoll sah er nach der
schwebenden Lampe, kopfschüttelnd fand er
ihr Licht bedenklich — er forschte mit Blikken
umher, ohne einen Schritt zu wagen, sein
Plan war fertig, aber erst wollte er Bescheid
in dem Gewölbe, und die Schlafstätte des
Bruders wissen. Endlich ersah er ihn, noch
einmal forschte er mit den Augen in den
Gängen entlang, dann schlich er leise zur Lam=
pe, blies sie aus, daß nur noch schwache Fun=
ken im glimmenden Dochte glühten, und wan=
delte nun langsam mit vorgehaltenen Hän=
den und hoch aufgehobenen Füßen weiter.
Ist der Talisman, flüsterte er, was er sein
soll, so mus er sich von selbst mir zu erken=
nen geben, und meine Besonnenheit ist vor
dem dämmernden Irrlichte gesichert, welchem
der Bruder erlag.

Aber nur zu bald prallte der Nachtwand=
ler an einem Pfeiler an, er taumelte, er
wollte sich halten, jede Stüzze gebrach, dich=
tes Dunkel umgab ihn, er sank bewußtlos an
den Boden.

Geliebter, sprach der Vater zum dritten Sohne — deine Brüder bleiben aus, sie wußten sich nicht in das Licht der Lampe zu finden — O mein Sohn! das Dasein erlischt mir, geh, sei besonnener als sie, und bringe mir den rettenden Talisman.

Ruhig entschlossen und herzlich sah der Jüngling dem Vater in das matte Aug', drükte den leise Athmenden an sein volles Herz, und gieng mit festem Schritte. Eine eigne Leuchte nahm er mit sich, einen Stab und erquikkenden Geist in der kleinen Flasche. Ich will mir selbst leuchten können, sagte er in seinem Innern, eine sichre Stüzze will ich in der Hand führen, und das flüchtige Salz soll mich vor Betäubung schüzzen.

So stieg er hinab, zündete die gelöschte Lampe wieder an, ohne sein Licht darum zu löschen, sezte den festen Stab mit männlichem Ernste auf den schlüpfrigen Boden, sah scharf um sich her, fand schon bei'm vierten oder fünften Schritte den Talisman, rief durch den Geist der Flasche die Brüder in's Leben zurük, und flog mit ihnen, mit Freude und Rettung an das Krankenbette des schnellgenesenden Vaters.

31. Die

31.

Die grofe Rechnung.

———

Lebensmüde begab sich Mesru nach der einsamen Wüste, suchte und fand eine Höhle
mit heller Quelle versehen, von einigen
fruchtbaren Dattelbäumen umgeben, und
faßte in ihrem stillen Schoose festen Fus.
Hier will ich meine vergangne Thorheiten
beweinen, sprach er, in Reue und Buse
mich abhärmen, frommer Betrachtung allein
leben, und es den hohen Mächten des Himmels vertrauensvoll überlassen, ob sie meine
grose Rechnung so für abgeschlossen erkennen wollen.

Nun trieb er sein neues Leben mit in-
brünstigem Eifer. Nichts als Thränen ver-
goß sein Auge, wenn es nicht eben am Himmel oder an der Nasenspizze hieng, oder vom
Schlafe verschlossen war; nichts als Wasser
trank sein durstiger Gaume, nur Datteln
waren seine Nahrung, und wenn die Hände
nicht

nicht grade die ſtrafende Geiſel ſchwangen, falteten ſie ſich fromm über der Bruſt.

Sechs Monden waren verſtrichen, und Mesru hatte die neue Gewohnheit bereits mit aller Liebe umfaßt, als er bei'm Erwachen ſeine Höhle — nicht mehr fand. Erſtaunt ſah er ſich in einem köſtlichen Prunkgemache auf ſeidnen Polſtern, der helle Born plätſcherte — Roſenwaſſer in ein Marmorbekken, und ſeine Datteln waren ihm reichlich und nicht minder bequem durch eine feine Tafel erſezt, welche dicht neben ihm ſüſe Früchte und erquikkende Sorbete in goldnen Schaalen und Kriſtallflaſchen freundlich darbot.

Groſer Allah! rief der überraſchte Einſiedler, indem er ſich die Augen rieb, und raſch zur Verjagung der lüſternen Lokkung die Geiſel ſuchte, aber an ihrer Stelle den niedlichſten — Fliegenwedel fand.

Groſer Allah! rief er noch einmal, welchem Verſucher wurd' es vergönnt, hier ſein Spiel zu treiben? O Herr! verlaſſe mich nicht in der Prüfung! Wozu ſoll mir die Pracht, welche ich floh? wozu ſollen die Genüſſe, deren

ren ich müde bin? Gieb mich frommer Bef=
ferung und stiller Andacht zurük.

Da verwandelte sich unter der unsicht=
baren Wunderhand die Prunktapete des Ge=
machs in durchsichtige Glasfläche; hinter ihr
hoben Jammernde die Stimmen, die flehenden
Hände strekten sie nach Mesru aus — Greise
baten, Weiber und Kinder weinten, alle schrien:
O Mesru, sei unser Vater! unser Retter!

Wie kann ich das? der Uippigkeit ent=
sagend, entsagt' ich auch dem Reichthume,
welcher, ein lüsterner Vater, das verführe=
rische Kind zeugt.

Er sprach noch, als schwere Goldtonnen
vor ihm aus dem Boden aufstiegen, Tausen=
de waren zu seinem Befehl, er war reicher,
als jemals.

Kehre zum Reichthum wieder, sprach die
Stimme des Himmels, doch nicht zur Ueppig=
keit, besiege die Lokkung, und spende Wohl=
thaten mit Geist und Herz — Nicht in dem
unfruchtbaren Schlummer der Höhle, mitten
in der geschäftigen Tugend der Welt wirst
du die grose Rechnung abschliesen. Träume
nicht! ruft der Himmel dir zu — lebe!

32.

Zuflucht.

Der Sturm drohte, die Wetter zogen, alles zagte und suchte Schutz.

Unglüklicher! rief die Schwalbe im Vorüberschweben bei'm mächtigen Eichbaum! Unglüklicher! an den Boden gekettet, mußt du bleiben, und der sichernden Zuflucht entsagen!

Den Gipfel in dem schwarzen Gewölke, versezte der Erhabne: Ich suche nicht, was ich gewähre.

33.

Gute Brüderschaft.

Einst lustwandelte das Vergnügen an der Hoffnung Arm: sie plauderten, scherzten, lachten zusammen, als ihnen unversehens — das Zartgefühl begegnete.

O al-

O allerliebſt! rief das Vergnügen ſchä-
kernd — weil wir ſo zur guten Stunde eintreffen, ſo laß uns auch eine Weile vereint
bleiben: wir wollen uns ſobald nicht wieder
trennen.

Sehr gern, erwiederte das Zartgefühl
beſcheiden erröthend, und ſchnell ſchlüpfte die
Hoffnung mit ihrem noch freien Arm unter
den ſeinigen. Die frohe Laune des Vergnügens verkürzte den Weg wie durch ein Wunder: man war am Ziel' ohne zu begreifen wie.

Alles in dieſer Welt nimmt ſein Ende,
ſo filoſofirte das erfahrne Vergnügen; wann,
wo finden wir uns wieder? denn, in der
That, deine Bekanntſchaft iſt mir unendlich
lieb. Und ich — daß ich es nur offen ge-
ſtehe — ich erſcheine nie im kalten Wohnſiz
der reichen Eitelkeit, ſo gern' ich auch hin
und her wandle.

Ich, fiel die Hoffnung ein, lebe viel mit
den Jüngern der Liebe und den Projektma-
chern: ich komme, ich gehe, ich fliege zurük.

Und ich, ſagte unbefangen des Zartgefühl — ich kehre nie wieder, hab' ich mich
einmal entfernt.

Aber

Aber — wo bliebe da unsere freundlich Brüderschaft? fragten die Beide.

So verlaßt — sprach das Holde lächelnd — verlaßt mich nie!

34.

Doppelleben.

Die Raupe lästerte den Fönix gegen die aufmerksam zuhorchende Nachtigal. Der Stolze, sprach sie, glaubt sich göttlichen Wesens, weil er aus dem aufhörenden Dasein zum neuen übergeht; doch was er seinen ausschlieslichen Vorzug wähnt, das gehört auch mir; und ich — ich habe das Geschenk des Doppellebens noch weit bequemer aus der mütterlichen Hand der Natur erhalten. Sanft schlummere ich ein, schmerzlos ist meine Verpuppung, köstlich und füllereich mein Erwachen. Er aber mus erst in selbst entzündeten Flammen vergehn, um aus der eignen Asche wieder aufzusteigen.

Dafür lebt er Jahrhunderte, flötete die Nachtigal — du nur Tage!

Eine

Eine näschige Grasmükke fuhr auf die erlauerte Raupe herab, und der künftige Schmetterling war dahin.

Auch den Keim des Doppellebens schüzt der Scheintod in Himmelsflammen dem Fönir, wirbelte Filomele.

35.

Der Strahl der Gunst.

Alexander, der grose Alexander lag krank zu Bette; auch nicht den Welteroberer verschonte das Podagra. Zufällig ruhte bei den Füsen des leidenden Helden auf goldstoffenen Kissen ein Stab, nicht der Stab des Feldherrn, auch keine goldgeschmükte Krükke, sondern ein ganz gewöhnlicher Pfahl, welcher ihm den Abend zuvor zur Stüzze gedient. Aber schon hatte der Hauch der Gunst auf unsern Feldstok gewirkt; er glaubte sich Etwas, und zwar ein bedeutendes Etwas.

Ja, sprach er leise, der Zepter hat seine Stelle verloren, mir gab sie der König: unge-

gefordert verlieh er sie mir; obgleich aus
Gold, muſte mir der Stolze weichen. Das
ächte Gewicht des innern Verdienſtes ent=
ſchied zwiſchen uns, und was ich zu leiſten
vermag, hab' ich bewieſen. Geſtern Morgen
ergreift mich der Monarch, aus der mächti=
gen Hand des Zufalls nahm er mich: ohne
zu wanken, bezeichnete ich ihm ſchnell die
Stätte des aufzuſchlagenden Feldlagers; zu=
ſammen verfügten wir über Krieg und Frie=
den, und ſandten den Szithen zufrieden nach
der Heimath; der Indier lies ſich zwar nicht
ſo leicht begütigen, doch wir wollen ſchon
mit ihm fertig werden. Einem der Günſt=
linge, ich glaub' es war Konon, verſezt' ich
ein Paar Streiche, er küſſte mich voll ehr=
erbietigen Entzükkens. Wiſſen ſich die Leute
hier darnach zu benehmen, ſo denk' ich ihr
Glük zu machen: Huld iſt des Gröſen Zierde.

Indeſſ der gute Strunk ſich an dieſen
ſchönen Träumen weidet, hat ſüſer Schlum=
mer die Schmerzen des Königs gelindert;
er fühlt ſich ſtärker, ſteht auf, und kann —
ohne Stab gehn. Vergeſſen blieb der kaum
gebohrne Günſtling liegen, und entbehrlich
als

als Stüzze, wandert er bald an der Hand
der Sklaven in's Feuer.

36.

Der Traubenhang.

————

Der Herbst nahte, die köstlichste Gabe Pomonens war reif, und der Götterfaft des
allbelebenden Bacchus perlte schier durch die
verklärte Hülfe, da sich ein Heer eben so
geschwäzziger als näschiger Staaren über den
reichen Traubenhang niederlies. Sie äfen
den Wein, welcher des Menschen Herz zu
erfreuen bestimmt schien, und — erfreuten sich
auch. Lustig zwitscherten und flatterten sie
durcheinander, und in der zwar kleinen Brust
rang sich ein lebhafterer Genius frei, als der
gewöhnliche Staarengeist.

Brüderchen! rief einer aus der Zahl, indem er den andern zärtlich mit dem Schnabel
pikte — Brüderchen! du mußt nun fort mit
mir, hin zum Menschen — ich fühle mich so
glüklich, so beseelt, die ganze Welt möcht' ich

— um

umfaſſen—Auf! zum Menſchen hin! wir wollen Freundſchaft mit ihm ſchlieſen.

Biſt du toll?

Nein! aber begeiſtert —

Berauſcht, willſt du ſagen. Nie war der Menſch aufgelegt, unſer Freund zu ſein—wie ſollt' er es nun werden, da dein Schnabel noch von dem ſüſen Raube trieft, den du ihm ſtahlſt?

Wie engherzig! laſſe doch von der kleinlichen Furcht groſe Ideen nicht ſo leicht niederdrükken! — Er wird —

Dich tödten! ſchrie der warnende Bruder laut auf, und flatterte ſchnell davon: In demſelben Moment donnerte der mörderiſche Schuſſ aus dem Hinterhalte der Reben, und der taumelnde Filanthrop zappelte in ſeinem Blute.

———

—

Sechstes

Sechstes Buch.

Die Hand des Schikſals.

Wolgemuthet trat der junge Elefant in die volle, üppige Natur des Vaterlandes. Der alte Vater hatte ihn ſterbend der ſorgfältigen Pflege des Luchſes übergeben. „Scharf iſt dein Blik, ſprach der Greis, dein Sinn weiſe, kräftig dein Weſen, und dein Leben gehört beſonnener Einſamkeit. Ich ahne ſchwere Zeiten; fremde Erſcheinungen dräuen dieſen Gefilden — nur die Zukunft, ſie, die furchtbar = fruchtbare Göttin allein weis, was ich nur beſorge. Leite du ihn mit treuer Freundſchaft ihr entgegen, lehre ihn ſehn, ſei auch der Anblik noch ſo ſchreklich; lehr' ihn kämpfen, wie mächtig ſich auch der Feind erhebe; lehr' ihn tragen, die Nothwendigkeit drükke auch noch ſo ſchwer — und lehr' ihn feſt

feſt im Gefühl' der Kraft ausharren, wenn auch die dunkelſte Gegenwart ihn mit Nacht umhüllt.

So ſprach der ſterbende Vater, und ſo erfüllte der überlebende Freund die Bitten. Jezt trat der jugendlich Kräftige aus ſtiller Einſiedelei in das blühende Leben.

Aber die bräuende Erſcheinungen waren zu dringenden Gefahren, die trübe Ahnungen des Vaters zur ſchwarzen Wirklichkeit geworden. Fremde Blizze durchziſchten die ſonſt ſichern Fluren, fremde Donner rollten um die Häupter ihrer ſonſt unbekümmerten Bewohner. Nach wenigen Tagen ſchon röchelte der verwundete Luchs ſein freundſchaftliches Leben aus; das Blei der Europäer hatte ihn niedergeworfen, und nur nach wenig Stunden weiter ſank der edle Elefant in die Fanggrube, welche die argliſtige Hand der fremden Ankömmlinge ſeiner Freiheit zubereitet hatte.

Umſonſt ſtrebte er ſich gegen die neue Gefangenſchaft; an Feſſeln ſchleppten ſie ihn fort, er muſte nur zu bald den frevelnden Kormak auf dem Natken dulden, und ſich da-

hin

hin führen laſſen, wo er noch gröſere Schmach
ahnéte. Ach! knirſchte er vor ſich hin: "Die
"glükliche Zeit iſt dahin! Vermeſſene Will-
"kühr hat der getreuen Natur göttlichen Frie-
"den geſtöhrt" *).

Der Zug bewegte ſich unter der Gewalt
der Treiber.

Groſer Zevs! rief der Elefant — wie
tief ſind die edelſte Bewohner dieſer ewig
freien Thäler und Wälder geſunken! —
Schmiege dich nicht ſo niedrig, fuhr er gegen das nahe Kamel fort.

Kann ich Schwacher der mächtigen Hand
des Schikſals widerſtehn?

Und du, Tiger, du ſchnurréſt geduldig
in deinem eiſernen Keſicht?

Was will ich! des Schikſals Hand liegt
ſchwer auf mir.

Der Parder, der Leopard zukken unter
dem Knall' der Peitſche!

Ach!

---

*) Schiller: der Genius. B. 29, 30,

Ach! seufzten sie — wir haben den Stolz
der Freiheit verlohren; dieser Ton ist den
Gefangnen furchtbar geworden. Des Schiksals Hand warf uns nieder.

Ha! was sehe ich, auch — o Jupiter!
o ihr Götter alle, daß ich das sehn mus! —
Auch der königliche Löwe —

Trägt gleich dir und allen — Ketten!
die Hand des —

Schiksals! ich weis schon — fiel unwillig
der Elefant ein — das immer wiederkehrende
Lied! des Menschen Hand ist es — da habt
ihr alles —

Nein! nein! schrien sie im Kor — das
Schiksal —

So raubt euch denn kleinmüthig selbst
den lezten Funken hohen Muthes. — O!
"das entweihte Gefühl ist nicht mehr Stim-
"me der Götter, und das Orakel verstummt
"in der entadelten Brust" *)!

————

Der

————

*) Ebendas. V. 31, 32.

Der Thiergarten schloß die gefangene Schaar ein, Gold wog den Raub auf, und was kühne Menschenlist erworben hatte, muſte nun der lüſternen Menschenneugier zur Befriedigung dienen. Die Allgewalt des Hungers bezwang die angebohrne Kraft. Demüthig lernte das Kamel die Knie beugen, der Tiger ſtolzirte mit dem Ehrentitel der groſen Kazze, Parder und Leopard küſſten die fütternden Hände, gleich dem Hund' folgte der Löwe den Schritten des Wärters: alle fügten ſich in die Hand des Schikſals.

Elende! knirſchte der Elefant; noch ſeh' ich immer nur des Menſchen unterdrükkende Hand. Grollend verſchmähte er die Speiſe, hinfällig zog er ſich dennoch von der erquikkenden Flaſche zurük. Um den theuren Fang bekümmert, liebkoſten ihn die Kerkermeiſter; ſtatt Drohungen wurden ihm freundliche Gebehrden und Mienen, ſtatt Mißhandlungen Bitten zu Theil, und den Augenblik, wo ihm zuerſt Nahrung zu nehmen beliebte, feierten die herrſchſüchtige Menſchen um ihn her als ein Feſt. Doch nur mäſig genoſſ er; weiſe entwikkelte er nach und nach ſeinen klugen

Sinn

Sinn, sein' mannichfaches Talent. Alles
drängte sich entzükt um ihn, und pries ihn
entzükt hoch.

"Nur in dem stillen Selbst — so flüster=
te er — "vernimmt es der horchende Geist
"noch; und den heiligern Sinn hütet das
"mistische Wort".*).

————

Ein Forscher kam täglich, den Elefanten
zu sehn, zu beobachten und zu bewundern —
der Beobachtete unterschied bald den ver=
ständigen Forscher, nahte ihm immer trauli=
cher, und machte aus dem Bewunderer einen
Freund.

Stets inniger verständigt, sich mit jedem
Tage näher, gewannen sich der weise Mensch
und der weise Elefant lieb. Endlich raunte
eines Abends der Gefangne dem Freien zu:
Wir sind für einander bestimmt; die Hand
des Schiksals weiche dem höhern Sinn'! diese
Nacht zeuge Freiheit, und dann gehört un=
serm

————

*) Ebendas. V. 33, 34.

serm ganzen übrigen Leben treue Freundschaft und hoher Genuß.

Der menschliche Vertraute begriff: die Nacht kam, er blieb in dem von der Menge verlassnen Thiergarten zurük. Um Mitternacht zerbrach der Elefant seinen Kerker, der Mensch öffnete die Pforte des Parks, mit seinem Rüssel erhob der Edle den Edlen auf die Freistätte seines unentweihten Nakkens, und trug ihn mit mächtigen Schritten nach der Freistätte der Wälder, wo ihrer das un-entweihte Leben der Freiheit harrte.

"Hier beschwört es der Forscher", rief der entzükte Elefant, "der reines Herzens "hinabsteigt! Und die verlohrne Natur giebt "ihm die Weisheit zurük"*)! fügte der entzükte Mensch hinzu.

*) Ebendas. V. 35, 36.

2. Der

2.

Der Urſtoff.

Deine Welt iſt ſchön, groſer Jupiter! rief der Affe zum Himmel, aber wahrlich! es verlohnte ſich kaum der Mühe, mich dahin zu ſezzen, wenn du mir nicht einen ſchärfern Blik in das Innere der Weſen verleihen wollteſt. Da mus ich mich nun mit Erſcheinungen herumplagen, ohne je, troz aller Mühe, den Urſtoff kennen zu lernen: es iſt arg, und um ſo ärger, je lieblicher dieſe Erſcheinungen ſind, je reizender ſie zur Ergründung des Innern einladen. Warum haſt du mich ſo klug, ſo geiſtvoll, ſo leidenſchaftlich forſchend geſchaffen, wenn du mir die edelſte der Befriedigungen verſagen wollteſt? Ich möchte verzweifeln.

Da ſtand Merkur vor dem haarigen Filoſofen. Der Vater der Götter, ſprach Hermes, ſendet mich zu dir, um dir zu bedeuten, daß deine edle Wiſbegierde ihm ſehr wolgefällig, und dein Wunſch ſein Wille iſt.

Der

Der Affe that einen Freudensprung.

Doch, mußt du vorher wählen, sonst kann nichts aus der Sache werden.

Sogleich!

Langsam, Freund — die Wahl ist wichtig — schwer —

Für mich nicht!

Laß' hören. Du findest die Erscheinungen in die Länge unbefriedigend, du dürstest nach Kenntnis des Urstoffes; diese soll dir werden, wenn du erst auf die Vermittler jener, auf die Augen verzichtet hast.

Gerechter Zevs! auf die Augen!

Ja, gerecht ist er — für die Erforschung des Wesens gnügt der innere Sinn; wer mit der Oberfläche zufrieden ist, bedarf der Augen.

Aber — dann kann ich ja —

Um so ungestöhrter denken —

Mich selbst nicht mehr sehn!

So behalte deine Augen, rief lachend der Gott mit dem Schlangenstab', und erfähre in deinem ganzen Leben vom Urstoffe nur, daß er bei'm Affen in lüsterner Eitelkeit besteht.

———

3. De

3.

Der Orkan.

Der Weſt hüpfte im vollen Stolz' der Eitel=
keit vor dem mächtigen Orkan' umher; be=
hend und ſelbſtgefällig drehte ſich der Luft=
ſtuzzer, indeſſen der Luftrieſe ernſt und halb
verdrüslich auf ihn herabſah.

Du wärſt wol froh, ziſchelte Kleinmei=
ſter Zefir endlich, wenn du meine Anmuth
beſäſeſt, und der Roſe ſo wol gefiel'ſt als
ich!

Meinſt du? antwortete mit hoher Miene
fragend der Orkan — vor mir bebt der
Ozean, und Dreimaſter hauch' ich in den
Abgrund —

Macht dich das glüklich?
Macht dein Glük dich gros?
Gröſe beſchied mir die Natur nicht —
Und mir nur Kraft!

4. Das

4.

Das Schachspiel.

Der Affe. Nennt es nur das könig=
liche Spiel — ich lerne alles —

Der Fuchs. Wir werden ja sehn.

Affe. Und merkt's euch! alles im Fluge.

Fuchs. Um so besser für mich, daß ich
schnell einen geschikten Gegner hoffen darf.

Affe. Schmunzle du nur! das Würfeln
hatt' ich gleich hinweg.

Fuchs. Ei!

Affe. Drei Farobänke hab' ich binnen
vier und zwanzig Stunden gesprengt.

Fuchs (die Steine stellend). Was du sagst!

Affe. Und im Zwikken such' ich meinen
Meister.

Fuchs. Das hast du wol von dem
Menschen gelernt.

Affe. Nur zu! wie langsam!

Fuchs. Ordnung ist das erste Bedürf=
nis für's königliche Spiel.

Affe. Ach was! die Pedanten!

Fuchs.

Fuchs. Nun will ich dir den Gang der Steine erklären.

Affe. Wozu? das lernt sich im Ausüben.

Fuchs. Mit nichten, Herr Gesellschaftskavalier des Menschen!

Affe. Du wirst mich belehren! Ich bin für's Praktische.

Fuchs. So praktizire denn!

Affe. Ich habe gezogen.

Fuchs. Nichts! der Stein gehört hieher.

Affe. Einerlei — (Pause). Mache fort! wer wird sich so lange besinnen!

Fuchs. Der gute Spieler, Meister Koko.

Affe. Meister! so ist's recht — das ist der wahre Name für mich! — bist du noch nicht im Reinen? — Endlich!

Fuchs. Halt! der Laufer geht so nicht!

Affe. Ich will das Spiel vervollkommnen —

Fuchs. Bequemer als lernen wäre das!

Affe. Schach der Köngin!

Fuchs. Bist du klug?

Affe.

Affe. Ich treibe meine Geschäfte mit
Genie.

Fuchs. Da must du aber erst diesen
Springer wegschaffen.

Affe (verdrüslich). Ich will nicht —

Fuchs. So gilt auch dein Schach nicht.

Affe. Dummes Spiel! da lob' ich mir
mein Faro — dort darf mir jede Karte nur
gelten, was mir gefällt — Was sie bedeuten will, kümmert mich gar nicht.

Fuchs. Das königliche Spiel beruht
auf festen Grundsäzzen.

Affe. Das ist, mit deiner Erlaubnis,
nicht wahr — wofür hätt' es denn den schönen Namen?

Fuchs. Wenn du es besser weißt —

Affe (wirft alle Steine um). Ich weis es
besser! — Jezt will ich nach meiner Idee
spielen.

————

5. Der

5.

Der Hochberedte.

König Löwe hatte sehr weislich beschlossen, sein hoffnungsvoller Thronerbe solle hoch-beredt werden; heiß war des Vaters Wunsch, gut des Sohnes Wille, schwer die Wahl des Lehrers, denn — was öfter der Fall in Er-ziehungs-Angelegenheiten sein soll, das traf auch hier zu, dem väterlichen Wunsche und dem kindlichen Willen gebrach das Talent; der Vater glaubte es nicht, der Sohn ahnte es nicht, und der Lehrer sollte alles gutmachen.

Man gab dem genialischen Parder den Auftrag. Herr! rief der brausende Meister, die Leidenschaft allein ist die wahre Red-nerin, nur ihren zauberischen Tönen folgt, auch wider Willen fortgerissen, die Ueber-zeugung: mächtig herrscht sie mit dem Zepter, welchen sie unmittelbar aus der Hand der Natur empfieng; auch der sanfte Tauber wird, von ihr belebt, über den klugen aber kalt-herzigen Fuchs siegen.

Unser

Unſer Löwenjüngling ließ ſich in die Ge-
heimniſſe der groſen Rednerin einweihen;
aber die Leidenſchaft floh ſein ungenialiſches
Innere, nur Vergnügen und Genuſſ hafteten
an ihm. Er wurde ausſchweifend, doch nicht
hochberedt. Man jagte den Lehrer fort, und
wählte nun den klugen, wenn gleich kalther-
zigen Fuchs.

Edler Herr! ſagte der glatte Feinling,
nicht die Zunge allein iſt die Dienerin der
Beredſamkeit, und nicht blos die Worte machen deine Gewalt über fremdes Gefühl aus
— der Ton deiner Stimme, deines Auges
Blik, der Ausdruk deiner Mienen, deine
Gebehrden, deine Stellung ſind nicht minder
mächtig, und wahrlich! mancher herrſchte
mehr durch ſie ohne Worte, als es viele
durch Worte ohne ſie vermochten.

Der Zögling legte ſich auf Gebehrden-
ſpiel und Schleichmienen, es ſchien ihm bequem, des Sturms der Leidenſchaft zu entbehren; nachahmend die Muſterzüge des Mei-
ſters zu erlernen, behagte dem trägen Schwa-
chen, und des Feinlings Unterricht bildete den
Flächling zur erträglichen Marionette.

Da braußte der Zorn des alten Löwen
auf. Wie! einen Leuen übergab ich dir,
brüllte er dem Fuchs zu, und du willst mir
einen Affen liefern — hinweg mit dir, Elender! ziehe dir deines Gleichen nach, mein
hoher Stamm ist für deine Lehren nicht geschaffen.

Nun wurde der Elefant berufen. Ernst
und weise führte er den Jüngling mit sich
in die Einsamkeit, und sprach: Königlicher
Herr, das Wesen der ächten Beredsamkeit
ist einfach, wie alles Gute und Grose. Es
besteht — o merk' es dir — es besteht nur
darinn, nicht mehr und nicht weniger zu sagen, als nothwendig ist.

Der Zögling sperrte den Rachen auf,
aber das war auch alles: er sollte denken,
das war zu hart; eher hätte er es noch einmal mit der unbequemen Leidenschaft versucht. Der Lehrer wiederhohlte seinen Sazz,
aber auch das war alles; er sollte zerglie-
dern, und die leise Spuren der Nothwendigkeit nachweisen, das war zu weitläufig; eher
hätte er selbst so viel Reden gehalten, als
man von ihm verlangen mochte.

Der

Der alte Löwe war trostlos, daß kein
Meister gedeihen wollte: Da sprach das edle
Roß zu dem klagenden Vater: Herr, nimm
den Sohn zu dir, und laß' ihn sehn, wie
du wirkest und schaffst. Des Regenten beste
Beredsamkeit ist sein mächtiges Beispiel.

6.

Der Spielraum.

Der Mensch hatte das Schiesgewehr erfun=
ten; flüchtiger, als der flüchtigste Lauf, hol=
te der Kunstbliz den Waldbewohner ein, laut
krachte der künstliche Donner, und der ge=
wekte Wiederhall rollte den vervielfachten
Laut mit feierlichem Getöse fort.

Stolz blikte der Jäger auf Ha! rief
er, was mein Sinn nicht vermag! Nur we=
nig Pulverkörner reichen hin, dies endlose
Geräusch hervorzubringen, welches mit dem
hohen Schall' des Donners wetteifert. Ich
bin, ich leistete mehr, als einst Prometheus.

Er

Er war nun wieder auf der Ebne, das
Feuerrohr blizte unter seinen Händen, aber
der Donner war verschwunden, keine hilfreiche Echo erhob den Zwerg zum Riesen.

Beneidet mich der Himmel in seiner Eifersucht? schrie der Aufgebrachte jezt. Herbei du Zauberkind meiner Schöpfung — mein
Wunder laß' ich mir nicht entreissen! — Er
verdoppelte die Ladung, doch aus dem Knall
wurde kein Donner mehr. Immer aufge-
brachter, immer auf den verweigerten Nach-
hall gieriger, verstärkte er die blizschwangere
Gabe seines Pulvers. — Schon des Siegs
gewiß', schnellte er den entzündenden Funken
hervor, das eherne Rohr sprang, zerschmet-
terte die Hand, und warf den Tollkühnen zu
Boden.

Warum bliebst du nicht im kleinern
Raum' und in meiner Nähe! rief die Echo
dem Wimmernden zu.

7. Das

7.

Das heilige Zeichen.

————

Ich hab' es übernommen, die Sitten der Thiere zu beſſern, ſprach der Fuchs: wenn deine Majeſtät mich ſchüzt, und mir den gehörigen Nachdruk verleiht; wenn deine Weisheit mir zur Seite ſteht, und die Mächtigern beſtimmen hilft; wenn endlich deine ſanfte Beredſamkeit meine Lehren mit freundlich gewinnender Ueberredung bekleidet, und die Schwächern mild nach ſich zieht, ſo kann es nicht fehlen, grosmächtige, auch erlauchte und wolweiſe Herrn, es mus alles gut von Statten gehn.

Er endigte mit einer ſalbungsvollen Verbeugung gegen Löwen, Elefanten und Nachtigal; denn an dieſe in Körper und Geiſt mächtige Drei war ſeine Rede gerichtet.

Dein Plan hat einen guten Endzwek, verſezte der Löwe; deine Mittel ſind gut berechnet, der Elefant; ich diene gern' der guten Sache, die Nachtigal. Nur, fiel der
König

König der Thiere wieder ein, nur sezze uns etwas deutlicher auseinander, von wem du dies Geschäft übernahmst?

Von den Göttern.

Wirklich? fuhr der Elefant fort. — In der That, es mangelt dir nicht an Geist und Talenten, aber ob die Götter — — —

Du kennst Thiere und Natur, die Kraft dieser und die Schwächen jener vortreflich, das weis ich, sprach die Nachtigal, aber ob die Götter — —

Ich brauchte dich in mancher Angelegenheit mit Vortheil, schloß der Löwe — du bist gewandt, doch als Diener der Götter kannt' ich dich noch nicht — ob diese nun — — Da sie uns nicht darüber bedeuteten, so wirst du dich wol entschliesen müssen, uns irgend eine Urkunde vorzuweisen, welche dich zu dem erhabnen Werke für fähig erklärt und bevollmächtigt.

Begeisterung ist das heilige Zeichen, welches ihr nicht verkennen werdet. Hier bin ich, erfüllt von meinem hehren Berufe, jeder sonst mächtigen Lokkung fremd, nur dem innern Leben geweiht. — So ausgestattet, darf

darf ich Vertrauen erwarten, und muß es
einflößen.

Wol dann! nahm der Löwe das Wort,
ich habe einen Vorschlag für dich. Wandre
zu dem ehrlichen, fleißigen, haushältischen
Biber, zu ihm, der für sich keinen Sinn,
der ihn nur für's Allgemeine hat, dessen gan=
zes Dasein seinen Brüdern gehört, dessen
Glük in rastloser Mitwirkung für das Glük
anderer besteht; zu ihm wandre, verlebe dort
drei Monathe mit ihm, gleich ihm, und
dann komme wieder mit seinem Zeugnisse —
dann wollen wir dir glauben, die Urkunte
des frommen Weltbürgers soll für dein hei=
liges Zeichen gelten.

Der Fuchs horchte noch, als der Löwe
schon zu sprechen aufgehört hatte.

Oder, fuhr dieser fort, findest du bei
dem Biber Anstand, so lasse dich von den
Bienen dazu aufnehmen — sie sind ganz so
arbeitsam, so gut, so hingebend, als die
Biber —

Aber stechen häßlich!

Deine saure Miene macht mich lachen.
Du hast zum Ueberfluß' noch die Ameisen;

sie

sie sind das dritte Blatt in dem schönen Klee=
blatte gemeinnüzziger Hingebung, welches
mein Reich schmükt.

O pfui! die kleinen verächtlichen Thiere!
Ich, ein Profet, sollte zu ihnen hinabsteigen!

Lügenprofet! brüllte der Löwe mit ge=
sträubter Mähne und funkelnden Augen, fort
mit dir in deine Höhle, aber aus meinen
Augen. Dem Berufenen ist nichts klein,
was seiner Sendung frommt; dem Sitten=
besserer ist nichts verächtlich, als das
Laster; kein Gegenstand ist zu gering für
des Himmels heiliges Zeichen!

8.

Nachlese.

Kraftvoll und behaglich strich der Haushahn
an der Spizze seines gakkernden Harems
durch das Stoppelfeld, um die zurükgeblie=
bene Körner zu haschen und zu naschen.
Manch köstliches Weizenkorn wurde den Su=
chen=

chenden zu Theil, und niemand stöhrte die schuldlose Nachlese, als der — Hamster.

Dummes Gesindel! rief er, da werdet ihr nun fett werden! der geizige Mensch ist euch der Rechte, um auf den Spuren seines Einsammelns zu suchen! Warum macht ihr es nicht, wie ich — Ich nehme — er grinzte vergnügt — ich nehme meinen Antheil vorhinein weg; ihr aber, erbärmliche Wichte, plagt euch halb vergeblich, und liefert zulezt die Eier an den hartherzigen Vormäher ab.

Dafür, sprach der Hahn, und Kamm und Augen glühten ihm — dafür bist du der Dieb, und wir sind die Freunde des Menschen.

9.

Amors Ammen.

———

Amor war gebohren, ganz Zithere gerieth in Bewegung. Zärtlich sprach Venus: ich bin eine gute Mutter, und nähre mein Kind selbst.

selbst. Doch Amor, so klein er war, war
schon ein groser Schalk, küßte die schöne
Vase, und trank und gedieh nicht.

Kummervoll rief die gute Mutter: O wenn
er mir dahin stürbe! versammelte schnell ih=
ren Hof, und bestimmte die weiseste ihrer
Damen zu seiner Amme. Wie drängten sich
Aufrichtigkeit, Zärtlichkeit, Gleichheit zu dem
süsen Amte; auch das Zartgefühl folgte ih=
nen auf dem Fuse; aber ach! keine von allen
vermochte das Götterkind zu nähren.

Da war die Wahl beinah für die Gefäl=
ligkeit entschieden, doch — sie verzieht ihn,
flüsterte die holde Mutter. Erzürnt wies sie
die Wollust zurük; immer beengter wurde die
Auswahl, als ihre Augen auf die Hoffnung
fielen. Die Hoffnung wurde erkohren, und
der liebliche Knabe befand sich sehr wol in
ihren Armen.

Eifersüchtig nahm die Lust Vorzug und
Erfolg war; still entwarf sie ihren Plan.
In das Gewand der Unschuld sich hüllend,
schlich sie sanft heran, und erbot sich die
Wiege zu schaukeln, die gutmüthige Hoffnung
gieng das ein.

Eines

Eines Abends fühlt sich die leichtgläubige Amme von freundlichem Schlummer um-
fangen, und übergiebt mit halbgeschlossenen
Augen das Kind ihrer verlarvten Gehilfin.
Bewahr' es wol, lispelt sie, bis ich erwache.
Freudig drükt die Lauschende das süße Pfand
an den Busen, schmeichelt ihm, füttert es
mit Zukkerwerk, und küsst sich an dem Tau-
melnden müde, bis er — zulezt an der fal-
schen Brust in Todesschlaf sinkt.

10.

Der Jagdruf.

Gewaltig schallte der Jagdruf durch den
Forst. Große Götter! schrie das Reh — so
beginnt meine Angst wieder! kann denn der
quälende Mensch nimmer ruhen! — Hoher
Zevs! rief der Hirsch, warum ist der Monath
meiner Streitbarkeit noch nicht gekommen! —
Der Keuler wezte die Fänge, und schnaubte:
Ich schlage mich! — Leise strekte der Fuchs
die

die spizze Nase aus dem sichern Bau; jagt ihr nur, grinzte er, ich sizze gut.

Und immer lauter erhob sich der Jagd= ruf, die Kuppel stöberte durch den Wald, die Feuerrohre sandten blizzend den tödtlichen Donner aus, blutend fiel das Reh, ächzend der Hirsch, der widerstrebende Eber sank vor dem kalten Eisen; warm und wolbehalten frohlokte der verborgne Fuchs.

Mächtiger erschallte ein neuer Ruf; die Jagdlokkung wurde zum Kampfruf. Ein feindlicher Trupp war in den Forst eingefal= len, und die verfolgten Thiere hohlten freier Odem, indeß sich die Menschen verfolgten.

Haha! jubelte der schlaue Reineke — jezt wären wir glüklich am Ziele, und Dank sei es unserer Klugheit, ohne uns zu regen. Was halfen Flucht und Kampf den armen Opfern! Wenn sie nur einmal von uns wei= se zu sein lernten! Kommt, Jungen, laßt uns nun hinaus — jezt ist der rechte Zeit= punkt zur Thätigkeit. Jene jagten, diese wur= den gejagt, beides für uns — wir wollen die Beute verschmausen, während sich die Jäger den Hals brechen. Ihre Kriegs=
trom=

trompete ist unser Jagdruf. Wie bequem
wir's uns doch zu machen verstehn!

Sprachs, wedelte hervor, und lag kräch-
zend im Fangeisen vor dem sichern Bau!

II.

Die Hirtentasche.

Hinweg von der Quelle, rief der Hirt; ihr
guten Schafe, wollt ihr den Tod aus ihr
saugen? zwar scheint das Wasser —

Herr! plapperte der Widder, das Wasser ist hell, wie Kristall.

Eitel Schein! mein Guter — ihr seht
das nicht, aber ich gewahre den versteckten,
den gefährlichen Schlamm, die giftige Insekten, die ungesunde Wasserpflanzen —

Herr! uns alle dürstet so — fiel sanft
und innig das älteste Schaaf ein.

Auch ich dürste, mein Kind, doch geb'
ich euch das Beispiel. Folgt mir, laßt uns
entsagen und gehn.

Da-

Damit trieb er die blökende Heerde von dannen; mit gesenkten Häuptern und manchem Rükblikke gieng sie seitwärts nach der troknen, aber magern Weide.

Sieh! sagte plözlich eins der jüngsten Lämmer zur Mutter — sieh, unser Hirt trinkt doch. — Einfältiges Ding, versezte das Schaaf, das ist ja ein Trunk aus der Feldflasche; der gebührt nur ihm, er führt sie in seiner Hirtentasche nach.

12.

Pfandspiel.

Eines Abends unterhielt sich die elegante Welt an König Löwens Hof' mit dem Pfandspiele. Der Fuchs hatte die Einsammlung der Pfänder zu besorgen, die Gans rief die Mitspieler auf, die Auslösung anzuordnen: die Reihe hiezu kam an den Wolf.

Was soll der Inhaber des Pfandes thun? schnatterte die Gans mit emsiger Wichtigkeit. Der Fuchs blinzte in die geschlossene Pfote, und

und winkte lauschend nach dem Gefragten hinüber.

Seine Natur verleugnen! rief der verständige Wolf.

Das Pfand ist des Wolfs, schrie der Fuchs, indem er sich schnell auf die Gans warf, während der Wolf ruhig zusah. Ihr Götter! wehklagte die arme Kapitolinerin — ist das Scherz? oder Ernst?

Scherz! fiel der Löwe ernsthaft ein, der Fuchs lies unwillig aber geschmeidig die Gezauste los, und lispelte: Allerdings nur Scherz.

Das Pfand ist gelöst! rief der Wolf, ich habe meine Natur verleugnet, nun mach' ich Ernst, und einen Spaziergang mit dem Lamme! Damit pakte er das Blökende auf, und rannte davon.

Mitleidig sah der Löwe die erschrokne Gesellschaft an. Warum spielt ihr mit solchen? fragte er zulezt bedeutend.

———————

12. Him-

13.

Himmelstraum.

Schwester! sagte die freie Nachtigal zur geblendeten im Kefich, Schwester! warum singst du so raflos? Schone dich, du arbeitest für Undankbare.

Ich bin blind, liebe Schwester; mein Gesang und die Zufriedenheit meines freundlichen Herrn sind mein Glük.

Deines freundlichen Herrn! Nie kümmert er sich um dich, nie kommt er hieher oder selten — Miethlinge pflegen deiner, und fühlen nicht, was du so hold singst!

Warum willst du mir den Himmelstraum nehmen? Ich bin blind, er ist mein Glük!

14.

Das erste und lezte Lächeln.

Japet war schon von Jupiters Bliz in den Tartarus hinabgeschmettert, Menözius lag versengt im Erebus, unter der Last der Himmel keuchte der tragende Atlas; aber Japets kühner Sohn wandelte unerschrokken auf der selbst gebrochenen Bahn fort. Mit schöpferischer Hand goß er das hilfreiche Wasser auf den Thon, in welchem olimpischer Stoff eingeschlossen war, und formte dann göttergleiche Gestalten, deren Haupt er nach den hohen Gewölben des Himmels richtete, von wannen der vernichtende Bliz gekommen.

Für die Erleuchtung der strahlenden Sonne bildete er das zart-mächtige Auge; für die wundervolle Räthsel der Luft und ihres Sohns, des Schalles, das dädalische Ohr; Wangen und Lippen rundete er sanft zu Kuß und Sprache zu, der Nase beschied er die Herrschaft über das leichtwallende Meer der Wolgerüche, an den milden Kinn

drükte er holde Grübchen für den unbekann=
ten Gott; kräftig und lieblich zugleich wölbte
er die Brust — die Erde war nun wieder
zur hohen Form ihres Beherrschers vollendet.

Da schwang er sich zu der Sonnenbahn
hinauf, entzündete die Fakkel an der heiligen
Glut, und warf den Funken des Lebens in
sein Gebild. Das Auge strahlte, die Brust ath=
mete, bläulich glänzte der Adern Lauf durch
die blendend weisse Haut, sanfter Purpur
röthete die Wangen, der Mund öffnete sich
zu lieblichen Tönen, und — das erste Lä=
cheln verklärte die göttergleiche Miene.

Der überseelige Bildner liebkoste froh=
lokkend seine Geschöpfe, sie schmiegten sich
entzükt und dankbar an den Schöpfer an.
Zevs ist versöhnt! rief er — kommt! lasst
uns opfern. Aber Jupiter wählte die Kno=
chen des geopferten Stiers, zürnte über den
Betrug, und rief grimmig=lächelnd das Feuer
von der Erde zurük.

Trauert nicht! rief Prometheus wieder
den klagenden Erzeugten zu — wo ich euch
das Leben errang, da hohl' ich auch Licht und
Wärme für dies Leben. Zum andernmal'
schwang

schwang er sich kühn nach der Sonnenbahn,
nahm den Himmelsfunken von der heiligen
Glut, und brachte ihn sorgfältig in der Pflan=
zenröhre verschlossen, zu seinen Kindern her=
nieder. Von neuem loderte die Flamme auf
Erden empor, der Segen des Lichts bestrahl=
te die Menschen, und ihr Aug freute sich
der Gegenwart, indem es Japets Sohn
weislich für die Zukunft schloß.

Zevs winkte grollend die Olimpier um
sich her; ihre mächtigen Hände statteten Pan=
doren aus. Die Himmelshuldin stieg zu den
Menschen hinab; ihr Anblik bezauberte, die
verschlossene Vase reizte — Warnend ertönte
Prometheus Stimme; er schlug die gefährli=
che Braut aus, welche der unweise Epi=
metheus liebevoll in seine Arme empfieng.
Die Vase ergoß ihre Ungeheuer, am Felsen
schmachtete der Menschenbildner in Ketten,
der zitternde Bruder schloß schnell, aber zu
spät das Gefäs des Jammers.

Die Martern seiner Menschen lagen
schwerer, als die eigne auf dem erhab'nen
Raub' des Geiers. O ich schuf sie zum Glük=
ke! rief er, und das Leiden umfaßt sie nun
mit

mit seinen tausend Armen — ich liebe sie,
und sie — sie jammern! Ruhen wollt' ich unter ihnen, den Werken meines Herzens; und
Unruhe der Begierden zerfleischt sie mit nimmer rastender Schlangengeisel, wie der Geier
mich! Unbefriedigt taumeln sie in den Abgrund, rettungslos wühlt dieser Anblik in
meinem Innern! Ach! ihr erstes himmlisches
Lächeln ist unwiederbringlich dahin — nur
das unedle Lachen der Lust, das wilde Gelächter der Verzweiflung blieb ihnen. Epimetheus! rief er dann mit stärkerer Stimme
— unbesonnener, aber unglüklicher Bruder!
komm zu mir, nahe dich nur, daß ich Trost
gebend, welchen empfange!

Doch Epimetheus floh den Zuruf des
Bruders — quälend hieng das strafbare Be-
wustsein an seinen Fersen, und im Innersten
tobte noch immer die verderbliche Liebe zu
Pandoren. Grose Götter! flehte er, laßt
nur sie meiner Leidenschaft — ich will gerne
tragen und dulden. Rastlos und unstet, wie
er, trieben sich die Erdebewohner umher,
keiner folgte dem beschwörenden Ruf' des ge-
fesselten Bildners.

Zu-

Zulezt sandte Zevs die vertilgende Fluth über das Gewimmel der Sünde — die tobenden Wogen spühlten das Geschlecht hinweg, welches den Himmelsfunken im Erdenschlamm vergeudete: nur Deukalion und Pirrha blieben im dumpfen Hinbrüten der Verzweiflung auf dem Gipfel des Parnassus zurük.

Aber vergeblich horchte, wie sie sich langsam von den nahen Todesschrekken erhohlten, Deukalion nach dem Vaterruf des Prometheus, vergeblich forschte Pirrha nach dem Vaterblikke des Epimetheus umher. Ach! riefen beide — zum Grab' ist die Welt geworden, alles Himmlische und Irrdische versunken! wir überlebten das Geschlecht der Menschen, um ihm nachweinend zu sterben.

Heiliges Rauschen kam aus dem nahen Hain' zu ihnen herüber, und sie erinnerten sich, daß hier Themis im ehrwürdigen Dunkel hause, und Orakel sprechend die Zukunft enthülle.

Laß' uns sie fragen, sagte Deukalion, die Hand der Geliebten an sein Herz drükkend.

Pirrha

Pirrha schmiegte sich zärtlich an ihn, und sprach: Die himmlische Mutter deines Menschen bildenden Vaters, die hohe Tochter des Uranos und der Erde, sie, die ihm die Zukunft weissagte, wird sich unserer erbarmen.

Sie giengen. O Wunder! am Eingang' des heiligen Hains fanden sie — Pandora's Vase, und schauderten zurük. Das Jammergeschenk des Vaters! rief Pirrha, mit sanfter Gewalt Deukalion fortziehend. Meines Vaters Verderben! rief Deukalion, und trug fliehend die Vange davon.

Oeffnet! tönte ihnen die Stimme des Orakels entgegen. Sie starrten. Oeffnet, wiederhohlte den Zögernden die Stimme; dann tretet mir näher.

Zitternd gehorchten sie; der Dekkel rollte an den Boden, nur ein dritter Ruf des Orakels hielt die Furchtsame zurük. Sie blieben und sahen.

Kein wilder, Unglük weissagender Dampf stieg mehr aus der gefürchteten Vase auf; in leichten, ätherischen Wirbeln kräuselte sich himmlischer Duft nach dem olimpischen Vater-

terland' empor; schwankende Formen schweb=
ten leise dazwischen, der Dunst zerrann sanft,
und siehe! im grünen Gewand' erhob sich
eine göttergleiche Gestalt, mit blumenbekränz=
tem Haupt, den Anker von Deukalions ge=
brechlich = rettendem Kahn' in der Hand.

Lächelnd blikte sie die Erstaunten an; des
holden lezten Lächelns Wiederschein glänz=
te aus den beruhigten Mienen der Sterbli=
chen zurük.

Ich bin die Hoffnung, flüsterte sie — ihr
seid dem Leben, der Freude wiedergegeben.
Was Pandora der Erde an Unglük lieh, kann
ich nicht vernichten; aber zu trösten vermag
ich — und immer wird euch mein Trost die
Kraft zur Hilfe gewähren. Der Menschheit
erstes Lächeln sollt ihr an dem meinigen
wieder finden. Seid edel und stark; nun
folgt mir.

Sie leitete das entzükte Paar zu dem
Orakel der Themis: auf seinen Befehl war=
fen sie mit verhülltem Antliz die Gebeine der
Mutter hinter sich; Steine wurden zu Men=
schen, die Menschen zu Helden, aus dem
Heldengeschlechte sproßte Herkules, Prome=
theus

theus Befreier, und Athens Fakkelfest lehrte
noch nach langen Jahrhunderten, daß hie=
nieden das erste und lezte Lächeln Zwillings=
geschwister sind.

15.

Das Hochgefühl.

————

Meister Polichinell beschloß — er fühlte ein
so großes Talent für das Auswendiglernen
— er beschloß, auf der Bühne Glük und
Ruhm zu erwerben.

Im Trauerspiele trat er zuerst auf, aber
unglüklicher Weise hatte er nicht bedacht, daß
zur Darstellung des Helden auch eine Hel=
dengestalt gehöre. Er glänzte von Purpur
und Gold, doch ach! was unter seiner ein=
fachen Jakke niemand aufgefallen war, das
sprang nun auch dem Blödesten in's Aug' —
sein etwas zu gerundeter Bukkel, sein kleiner
Hängbauch, sein wol genährtes Figürchen!
und die himmlischen Stellen der Dichtung, die
Genieblizze des Dichters vergiengen jämmer=
lich

lich unter der quikenden Stimme, dem krei=
schenden Stammelton'. Niemand hielt es
aus, alles pochte, schrie, pfiff, der arme
Polichinell wurde von der Bühne hinweg
gezischt und gelärmt.

Grose Geister erliegen weder der Schmach
noch dem Zorne, sprach der kaltblütige Po=
lichinell; sie ziehn Gewinn aus dem Unglük.
Ich fühle mich. Mögen sie's wissen, daß
mich ein Höker ziert, daß ich fett bin und
quake — Aendern kann ich's nicht, aber gel=
ten soll es doch! — Hervor mit meinen Feh=
lern! so ist's bequem und kühn, und was
sie schalten, sollen sie als Mode verehren!
Jedem winkt sein Ruhm. Die Geschmaks=
ritter suchen den ihrigen im Werthe; so blühe
denn meiner sogar aus dem Unwerth!

Er sprach's, und pflanzt' auf den run=
den Rükken einen ungeheuern Auswuchs, auf
den runden Bauch den zweiten und dritten,
übt sich, als ein wahrer Anti=Demosthen im
Stammeln und Krächzen, bepflastert sein
Scharlachgesicht dicht mit Schminke, hängt
Spizzen über die lange Finger, hebt sich auf
Stelzen, wirft mit Tiraden und Sentenzen

um

um ſich, ſchreit, heult, plaudert und tobt—
Ihr Götter! wie rauſcht lauter Beifall um
ihn! wie verdunkelt er alles um ſich her!
Er feſſelt den Ruhm, immer verjüngt glänzt
er in und auſſer dem Vaterlande, unerſchöpf-
lich iſt ſein Talent, unermüdlich ſind die
Lacher!

Sagt' ich's nicht! rief er entzükt — ſo
wurd' ich doch an der Hand des Hochgefühls
ein groſer Mann — für die Kinder! flüſterte
Thalia, aber man hörte ſie vor dem lauten
Wiehern des Lachens nicht.

16.

Die bunte Täfelei.

Der Baumeiſter. Die Täfelei muß
hinweg, ſonſt werden wir des Holzwurmes
nicht quitt.

Der Tiſchler. Ei! das wollt' ich mir
ſehr verbitten — ſie iſt mein Werk, ich
bin ſtolz darauf. Sieh doch die künſtliche
Schnörkel!

Bau-

Baumeiſter. Aber der Holzwurm —

Der Mahler. Und ich mahlte ſie — Welche treffliche Farbenmiſchung! wie wol erwogen! wie gut erhalten.

Baumeiſter. Aber der Holzwurm —

Der Handlanger. Ich half dem Tiſchler —

Der Farbenreiber. Ich dem Mahler—

Baumeiſter. Ganz recht, aber der Holzwurm —.

Die Grosmutter. Mein ſeliger Herr hatte genau die nämliche Täfelei in ſeinem Zimmer — ich kann ſie nicht miſſen —

Die Mutter. Mein ſeliger Mann lies dieſe genau darnach machen — ich tröſte mich nicht, wenn mein Sohn ſie hinweg= nimmt.

Baumeiſter. Recht ſchön, aber der Holzwurm —

Der alte Hausfreund. Es wäre ge= gen die verehrungswürdige alte Dame gar nicht zu verantworten —

Der jüngere Hausfreund. Eine gu= te Mutter ſo zu kränken, wäre unverzeihlich.

Bau=

Baumeister. Kindliche Liebe ist edel —
doch der Holzwurm —

Der Hausherr. Könnte man nicht,
bester Mann, die Täfelei erhalten? sie ist
doch ganz hübsch.

Baumeister. Mir recht, nur der
Holzwurm —

Hausherr. Und diesen doch verdrängen?

Baumeister. Ich empfehle mich —
wurmstichiges Holz weis ich nicht zu verjüngen!

17.

Der Purpursaum.

Im Kleiderschrank' entstand großes Getöse.
Der neuangekommene Goldstoff verlangte von
einem alten Purpurgewand', es solle ihm
Plaz machen. Magst du, sprach er, unter
den abgetragenen Dingern hier die Oberstelle
immerhin mit einigem Rechte behauptet haben
— ich lasse mir das gefallen. Doch nun, da ich,
der Herrliche, der Prachtvolle, in der vollen
Kraft

Kraft und Glorie der Jugend erschienen bin,
ist deine Zeit aus. Ihr alle gehört nicht in
meine Gesellschaft, ihr habt es mit dem vori=
ge Jahrhundert zu thun — doch will ich euch
dulden, wenn ihr bescheiden anerkennt, daß
nur meine Duldung euch zu gute kömmt.

Ernst versezte das bejahrte Gewand:
Verschlissen ist mein köstlicher Stoff, die stol=
ze Farbe schwand dahin; unscheinbar bin ich
nun, sogar unbrauchbar — ich will dir
das gern' einräumen. Doch Stoff und
Farbe vergiengen mir im Dienste des Vater=
lands; eine Reihe von Königen trug mich
um die Schultern, auf welchen sie die Last
der Verwaltung trugen. Du siehst noch die
lezte Spur meines einst so glänzenden Da=
seins in dem schmalen, unverkümmerten
Saum, welcher mir blieb. — Wärest du,
sezte er mit hoher Würde hinzu, wärest du
wirklich selbst edler, gediegner Purpur, und
nicht blos prunkendes Geweb' aus Goldfaden,
du würdest dich in mir ehren, und die Neu=
heit deines Glanzes nicht durch die Verach=
tung meines dahingestorbenen zu erheben
wähnen.

Die

Die Thüre des Schranks flog auf —
ein stattlicher Purpurmantel nahm die Stelle
des zudringlichen Brokats ein, der von der
flüchtigen Abänderung betäubt, an den Boden
sank. Erwartend schwieg das bejahrte Gewand; freundlich grüßte das neue stattliche,
den am verwandten Saum' erkannten ältern
Bruder, und ließ ihm die lang besessene
Stelle ungekränkt.

18.

Die enge Zelle.

Warum bannte mich doch das Schiksal in
den engen Keficht! rief der Kanarienvo-
gel; warum gab es mir diese Flügel mit
Schwungkraft? warum diese melodische Kehle, deren Stärke den beschränkenden Raum
überfüllt?

Zum kühnen Baumkletterer bin ich bestimmt! seufzte das Eichhörnchen; und nun
mus ich an der rasselnden Kette den keinen
Kreis beschreiben, und mich — bin ich müde

oder

oder verdrießlich, in die dürftige enge Hütte
drükken!

Ach! sprach der Affe, indem er die Hand
vor die haarige Stirne schlug — die weite
Natur wies mir den Himmel zum Spielraum
an, und in das kleine Zimmer mußt' ich mich
einkerkern laſſen!

Wir sind recht unglüklich! ächzten alle
drei im Kor.

Aber ihr Beſizzer lag, taub für ihre
Klagen, mit schwerem Kopfe auf den unter-
stüzzenden Armen; Thränen strömten aus seinen Augen, seine Bruſt war von schweren
Seufzern gepreſſt. O Verhängnis! schrie
er verzweiflungsvoll aufstarrend, was hab'
ich dir gethan, daß du mich, mit dieser
Welt im Buſen, in diese enge Kloſterzelle
sperrteſt.

Das Verhängnis erschien ihm, die weinende Freiheit an der Hand führend. Ungerechter! sprach das Erhabene — gleich un-
fähig frei zu sein und zu lassen! Willig
gabst du mir diese hin, und der Gefangene
machte Gefangene, um sich zu trösten. Was
du verschleudertest, raubteſt du andern —

höre

höre auf zu klagen, lerne dulden, wie du verschuldet. hast, und was du selbst nicht wieder gewinnen kannst, das gieb wenigstens deinen Opfern wieder.

19.
Der Pilgerstab.

———

Ein frommer Mann hatte die Reise nach dem gelobten Lande beschlossen; schon faltete sich der graue Pilgerrok um seine Lenden, auf dem beschornen Haupte thronte bescheiden = stolz der Muschelhut, und an dem einfachen Gürtel hieng die anspruchvolle Kürbisflasche — nur der Stab, der ehrwürdige, feste, sichere Stab fehlte noch. Ein Pilger bedarf aber dessen so nothwendig, als ein Held des Schwerdes; unser Mann suchte emsig nach dem wichtigsten Stük' seines Reisegeräthes.

Er strich über blumige Wiesen dahin; nur schlankes schwankendes Rohr, oder geschmeidige Pappeln und schmächtige Weiden zeig-

zeigten sich seinen Blikken. Ach! seufzte er, mir widerfährt nur mein Recht; warum lies ich mich von dem weichen Rasenpfade lokken! Anstrengung ist fortan mein Loos: lasst uns den Berg besteigen!

Er bestieg den lachenden Rebenberg, der ihm üppige Traubengehänge an splitterreichen Pfählen bot: süse Trauben schmausend, riss er sich an den Splittern wund. Groser Gott! seufzte er wieder, jedoch erst halb satt, es geschieht mir Recht! Warum lies ich mich von der Müdigkeit zur Erquikkung lokken! Entbehren soll ich ja und büsen. Auf in den Forst!

Er verlohr sich in den schattigen Gängen des Hains; leise beschlich ihn der Schlaf, und wie er wieder erwachte, fand er sich, noch immer ohne Stab, nun auch ohne Gewand, ohne Muschelhut und Flasche. Behende Diebe hatten ihn entpilgert.

Der Himmel versagte mir den Stab, sprach er sich tröstend; er nahm mir sein übriges Zugehör. Ja, es ist deutlich genug, ich soll in der ruhigen Heimath bleiben. So fahrt denn wol, Anstrengung, Entbehrung und Buse — seid mir von neuem gegrüßt, blumige Matten, süße Trauben, schlummer= reiche Schatten!

20.

Das heimathliche Licht.

Der Hausgott. Fort von hier, mein Sohn!

Publius. Strenger! Geliebter! du verjagst mich.

Hausgott. Streng' schein' ich, weil ich dich liebe. Die Fremde entfaltet die Knospe, welche ich pflegte, und im Strahl' der Entbehrung mußt du dich sonnen.

Publius. Mein Leben floß so zufrie= den in deinem Schuzze hin.

Hausgott. Auch dem Fernen werd' ich nah sein.

Publius. Darf ich glauben?

Hausgott. Hoffen darfst du, denn dein Glaube gehört mir schon.

Pub=

Publius. O guter Schuzgeist meines Lebens! wo, wo find' ich dich wieder?

Hausgott. Wo du mich wieder sehn wirst, fragst du? Geh vertrauensvoll, wandre muthig durch die Welt, gewinne ihr die Wahrheit ab, und eh' du es denkest, wird dir das heimathliche Licht wieder schimmern; mit ihm erschein' ich dir!

Publius. Dein Segen begleite mich, mein innigst Gefühl bleibt hier.

———

Publius. Holde Nimfe, ich habe mich verirrt; o sei so gütig, als du schön bist, und zeige mir den Weg.

Die Freude. Guter Jüngling! däucht dir hier der blumige Pfad rauh?

Publius. Er ist lieblich, aber nur für Spaziergänger, wie mir scheint — ich bin ein Wanderer, und strebe vorwärts.

Freude. Grüne Matten bieten dir üppigen Rasen zum Ausruhen, labende Quellen girren durch den blühenden Grund, köstliche Früchte glühen an den schattigen Bäumen, die Nachtigal flötet, und ich — sieh' ich reiche dir

dir den Arm — durch all' diese Schäzze der
Natur ·will ich dich sanft und freundlich geleiten.

Publius. Zur Landstrase?

Freude. Doch — ja — wenn auch durch
einen keinen Umweg —

Publius. Deine schalkhafte Miene ver-
heisst der Umwege mehr als einen, und kün-
digt sie so reizend an, daß ich der lokkenden
Einladung leichter, als dann der mächtigen
Verführung entsage.

Freude. Wozu diese Eile?

Publius. Das Leben flieht.

Freude. Darum werf' ich dem flüchtigen Rosenblätter zu —

Publius. Du bist, wenn mich nicht
alles trügt, die Freude.

Freude. Des Menschen Freundin!

Publius. Bestreue mich mit einigen
Blüthenblättern — zeige mir den Weg —
doch bei dir bleiben kann ich nicht.

Freude. Was suchst du?

Publius. Die Wahrheit!

Freude (lächelnd). Ich wünsche dir Glük
— du ziehst ernste Falten dem jugendlich

glat-

glatten Frohſinn' vor — lebe wol, und verſieh dich bald mit einem Filoſofenbart.

———

Publius. Der Weg zur guten Wahrheit iſt wol ſo verwikkelt, daß mich das viele Streiten darüber nicht mehr wundert; die Olimpier allein mögen es wiſſen, wie es zugeht, daß ſich die Landſtraſe auch für den beſtgeſinnten Waller ſo leicht in Nebenwege verwandelt. — Genug, ich bin wieder — verirrt — Edle Frau! du wohnſt in dieſem ſchönen Gebäude, wie es ſcheint — O weiſe mich zurecht, die Gegend iſt dir ohne Zweifel bekannt.

Annona. Das iſt ſie, und eben darum rathe ich dir, bei mir das Gaſtrecht zu nehmen —

Publius. Dein Wort iſt edel, wie deine Geſtalt; das Füllhorn in deinen Armen verſpricht Ueberfluß —

Annona. Wie mein Name — ich bin Annona —

Publius. Du! und —

An=

Annona. Plutus ist mein treuer Be=
gleiter —

Publius. Er, der hinkende Ankömm=
ling, der beflügelt Fliehende! — Nein! ich,
ich suche Wahrheit, und eure Schäzze —

Annona. Koste sie erst — für dich
hinkt Plutus nicht, dir ergießt sich mein
Füllhorn — hasche die flüchtige Gelegen=
heit —

Publius. Welche dafür den Hascher
in ewige Fesseln schlüge — lebe wol, ich finde
den Weg, wenn gleich mühsamer ohne Nach=
weisung, doch zulezt gewis —

Annona. Eile, du Eigensinniger —
Kiesel und Dornen, Felsen und Ströme wer=
den dich aufhalten — ein Wink von mir
könnte sie hinwegräumen — er hört nicht
mehr — Sonderbarer Sterblicher! den ich
vergeblich bitte!

———

Publius. Welche Gebirge liegen hin=
ter mir! welche Beschwerden übertrug ich!
Sonderbar, dort im Labirinth der rauhesten
Natur zeichnete sich der Weg stets so deut=
lich

lich aus, und nun, da ich in blühende Gefilde herabstieg, verliehrt er sich wieder — zum drittenmale such' ich seine Spur — o Wahrheit! Wahrheit!

Enzelabus. Wer ruft hier! wer schreit nach der Träumerin?

Publius. Riese! zeige mir den Weg zu ihr, die du — wie ich nur zu deutlich höre — kennst, wenn gleich nicht begreifst.

Enzelabus. Vorlauter Wurm! hier ist das Reich der Giganten — Gehorsam gilt bei uns, Glauben und Schweigen! Verstumm' oder flieh —

Publius. Zeig' mir den Weg nicht mehr — der näheste ist hier der willkommenste.

Enzelabus. Dank' es deinem Geschikke Zwerg, daß du für die Macht zu klein bist, doch beeile deinen Schritt, unsere Reue ist immer schneller, als eure That, und diese erliegt oft bald genug jener —

Pub-

Publius. Würdige Matrone —

Karmenta. Jüngling! du irrteſt zum viertenmale —

Publius (ſchmerzlich). Und doch ſuch' ich die Wahrheit.

Karmenta. Du irrteſt zum leztenmale, Jüngling.

Publius (entzükt). Göttin! Sterbliche!

Karmenta. Sie iſt dir nah, Karmenta ſagt dir's.

Publius. Evanders hohe Mutter, des groſen Alzids Wahrſagerin! O gute, gute Götter!

———

Publius. Was ſeh' ich! meine Heimath ſchwebt vor mir! das freundliche Licht des ſchüzzenden Hausgottes in ihr! O er hielt Wort!

Mens (ihm entgegen kommend). Willkommen, Publius!

Publius. Du kennſt mich, ſchönes Mädchen?

Mens.

Mens. Nimm diese Blumen; sie sind
so schön, als die Blüthen der Freude, aber
keuscher —

Publius. Wer bist du?

Mens. Dies Füllhorn ist dein — eben
so reich, als Annona's, doch trägt es kein
fliegender Plutus verrätherisch hinweg.

Publius. Ich fasse dich, aber ich kenne
dich nicht.

Mens. Des Giganten Keule reich' ich
dir — Himmelskraft stählt deinen Arm, du
wirst so stark sein wie er, aber nur für das
Rechte und Gute.

Publius. Wie nenn' ich dich, Himmlische?

Mens. Deine Freundin.

Publius. Wohin führst du mich?

Mens. Zum heimathlichen Licht —

Publius. O mein Schuzgott!

———

Der Hausgott. Wo die Wahrheit sei?
fragst du —

Publius. Sie sollt' ich gewinnen!

Haus-

Hausgott. Bin ich dir nicht wieder erschienen?

Publius. Und doch —

Hausgott. Der dreifachen, selten be=kämpften Lokkung widerstandest du, an der Hand der Göttin, die hellen Sinn und fro=hes Herz giebt, findest du Freude, Reich=thum und Macht aus deinem Innern, die Heimath, mich in ihr — Wo wäre noch Wahrheit für den Erdegebohrnen nach dem Allen?

Publius. Heil mir! dir Dank! einst wolthätig=Strenger! ewig Geliebter!

21.

Silberklang.

Zwei Silberstükke lagen in der prüfenden Hand des Wardeins; gleich waren sie sich an Gepräg' und Gröse, doch hatte blässerer Schimmer und verdächtige Schwere des einen die Prüfung veranlaßt.

Es

Es wurde zu leicht an Gehalt und beinah' unächt befunden.

Wie! murrte der Verurtheilte, deine Wage, deine Worte sollten entscheiden, und mich um Dasein und Ehre bringen können! Hab' ich nicht jedes Merkmal der Aechtheit mit meinem Bruder hier gemein? Genau so gros, wie er, trag' ich dasselbe Königsbild, gleiches Wappen, eine Jahrzahl mit ihm; silbern ist mein Antliz gleich dem seinigen, und doch —

Ernst unterbrach ihn der ermüdete Wardein: Mit Silber schminktest du dich, doch nur am ächten Gehalt' haftet der Silberklang, welcher dir gebricht, und dessen Mangel dich entlarvt.

22.

Der fünfte Pfeiler.

_____

Vier Pfeiler stüzten den Prachtsaal, in welchem Marmor, Vergoldung und zierliches Schnizwerk um den Preis stritten. Aber

auch

selbst das Prächtigste in der Welt wird alt,
und so gieng es unserm Saale auch; vielleicht senkte er sich um so eher, je schwerer
die kostbare Last an und auf ihn drükte.
Der besorgte Eigenthümer berief den geschik-
testen Baukünstler.

Sorge, sprach er zu ihm, daß unser Leben nicht gefährdet sei, wenn wir uns hier
der Freude überlassen; denn wahrlich, der
köstlichste Becher, die würzreichste Schüssel
munden nur schlecht, wenn der Tod über
dem Haupte schwebt: und erschlagen zu werden, sei es auch von einem Demantre-
gen, bleibt immer eine traurige, wenn gleich
glänzende Art, von der Welt Abschied zu
nehmen.

Der Baukünstler stellte einen Pfeiler in
Mitte des Saals auf, welcher den sinkenden
mächtig trug; aber, obgleich wolthätig und
schön, hemmte er doch nun den Ueberblik
des Ganzen, und zu dieser Stöhrung gesellte sich das unangenehme Gefühl einer
dräuenden Gefahr, die sein Dasein veranlaßt
hatte.

Da

Du verunstaltest unsern Siz, riefen die
vier ältere Pfeiler, Häßlicher, warum drängst
du dich auf? — Erhaltend stüzze ich ihn,
versezte der Pfeiler. — Wir forderten dich
nicht, schmähten jene. — Aber ihr bedurftet
meiner doch! antwortete er ruhig.

23.

Der Türkensäbel.

———

Ich kam zu spät zum Treffen, sagte der junge
Krieger.

Schlimm genug! versezte der Feldherr.
Der junge Held mus sich durch nichts zu-
rükhalten lassen.

Der treffliche, von meinem Urältervater
ererbte Türkensäbel fehlte mir — Man suchte,
und suchte ihn, und zulezt —

Hast du ihn mitgebracht?

Man fand ihn nicht — ich mußte mit
einem gewöhnlichen Schwerde fort.

Auch das gut; brauche es nur wakker.

Im

Im zweiten Treffen wurde der Jüngling nur zu bald vermißt; streng forschte der Heerführer nach der Ursache, als er sich bei der Siegesfeier wieder zu seinem Truppe fand.

Die elende Klinge zersplitterte mir am ersten Helm, den ich mächtig traf—ich suchte ein ander Schwerd —

Das findet sich sonst im Schlachtgemenge leicht.

O ja wol! wenn nur nicht gleich zu Anfange der Schlacht dieser unglükliche Zufall —

Hier nimm mein eigen Schwerd, sprach der Feldherr mit zweideutigem Lächeln; es war mein treuer Begleiter von Jugend auf, doch werd' ich mich mit einem andern behelfen, und überlasse dir's gern. Aber — sezte er fest hinzu — ich rechne darauf, daß es — nicht so schnell zersplittere.

Ein drittes Treffen begann; unser Jüngling wurde nicht vermißt, aber auch nicht bemerkt: mit einer leichten Wunde am Schulterblatt und abermals zerbrochner Klinge stellte er sich dem grauen Helden, zwischen dessen Augbraunen dräuender Ernst, auf dessen Lippen spöttische Bitterkeit saß.

Wie-

Wieder dahin? fragte er rauh.

Die Treue war auch alt geworden; in der Hand des Führers konnte sie rühmlich dauern, in des Kämpfers Hand mußte sie vergehn —

So? in des Kämpfers Hand —

Mein Blut floß, Herr!

Ich seh' es, aber nicht an der rechten Stelle. Ich zähle nur die Vorderwunden.

Herr! ich that meine Pflicht —

Junger Mensch! wie erwarb dein Urältervater den Türkensäbel?

Im heiligen Land —

Ich fragte nicht wo? Nahm er ein Schwerd mit dahin?

O — gewis — — ich denke —

Geh heim zur Mutter! Wer den Türkensäbel zur Bedingnis des tapfern Kampfs macht, erringt ihn gewis nie als dieses Kampfes Lohn.

————

24. Die

24.

Die Nachahmer.

Zwei Kanarienvögel, zu gleicher Stunde dem mütterlichen Ei entschlüpft, theilten auch brüderlich Wohnung, Pflege und Lehre. Ein Kesicht umgab, eine Hand nährte, ein Flageolet bildete sie. Freundschaftlicher Wetteifer belebte ihr natürlich Talent, und bald waren beide so vervollkömmnet, daß der vom Eigenthümer längst beschloßne Augenblik der Trennung eintrat. Den einen Bruder behielt er selbst, den andern gab er einer Freundin.

Sie war aber auch die Freundin schlichter Einfachheit und freier Natur, den Gesang, welchen diese gute Mutter jeden ihrer befiederten Söhne lehrte, liebte sie allein; die künstliche erlernte Weisen um so weniger. In ihrem freundlichen Zimmer lauerte kein Zwang des Flageolets auf den muntern Sänger, der bald die Kehlenfesseln hinwegwarf, und vom Instinkt begeistert, das mannichfache, reiche Lied modulirte, wie es aus seiner kleinen vollen Brust hervordrang.

Immer

Immer kunstgerechter wurde dagegen sein
Bruder. Vom Flageolet gieng er zur Orgel
über; er vergas jenes, und schöne Opernarien
ertönten aus seinem Kesicht. Dann führte
ihn das Schiksal in die Nähe der Lerche, er
vergas Arien und Flageolet, und sang der
Lerche nach. Bald machte ihn der Zufall zu
Filomelens Nachbar; dahin waren mit Flageolet und Arien die Lerchentöne, und er bildete die geschmeidige Kehle nach dem hohen
Lied' der Nachtigal.

Zulezt vereinte das günstige Verhängnis
die zwei lang' Getrennte wieder. Freudig
erkannten, überrascht hörten sie sich. Wie!
rief der melodische Enziklopedist, du kehrtest
zum wilden Schlage zurük! — Zum wil-
dern versezte der Bruder innig — o du
Guter, laß' den Genius nicht zu sehr durch
Nachahmung zähmen — das, was du wild
nennst, ist unser besserer Theil.

25.

Tod und Schlaf.

Das Leben führte den jungen, kräftigen Menschen in die Natur ein. Hier, mein geliebter Sohn, sprach es, hier sieh' deinen Pallast, meinen Tempel. Genuß strömt dir zu, mit Kraft hab' ich dich ausgestattet. Freue dich beider, beide schonend; das Maas erhält, nur das Uebermaas zerstöhrt dein Glük. Vor allem aber hüte dich vor meinem und deinem ärgsten Feinde.

Trunken sah der neugebohrne Mensch in die Fülle der Schöpfung — Wie heißt er? fragte er zerstreut: wo er soviel Freuden einladend winken sah, fiel es ihm schwer, einen Feind zu denken.

Er heißt Tod, und wohnt —

Wo, geliebte Mutter, wo?

Unter den betäubenden Blumen im Füllhorn des Uebermaases. O hüte, hüte dich vor ihm— nur warnen kann ich dich, nicht mehr retten—

Wolgemuthet verlies der Mensch die Hand der Mutter, die dem hüpfenden ängstlich nach-
sah,

sah, und vor Theilnehmung und Angst bebte, wie sich der erfahrungslose Besizzer der Kraft in den tausend Schäzzen der Natur vor ihrem Blik' verlohr. Im süßesten der Labirinthe hüpfte, wandelte, taumelte der jubelnde Erden= herr; des Vergnügens zahllose Bande umstrik= ten ihn, er, saugte geizig und selig an den zahllo= sen Kelchen des Genusses; jede Freude nahm eine Kraft, die Wonnen waren vollendet, und mit ihr Ermüdung und Erschöpfung.

Bewußtlos fand die bang suchende Mut= ter den Vermißten auf üppigem Blumenlager hingesunken.

Großer Zevs! rief sie verzweifelnd — da liegt die Beute des Todes! Ja, ich höre das schadenfrohe Grinzen des unsichtbaren Un= holds; auf dieser nur noch leise athmenden Brust hat er den zerstöhrenden Siz genom= men, und trinkt mit vollen Zügen die Reste der schwindenden Kraft in sich. Großer Zevs! du sahst es voraus, als du mir, deiner Tochter, verstattetest, den Himmelshauch des Daseins an das Kind meines Wunsches aus= zuspenden; was die Kurzsichtige nicht glaubte, das laßest du, Allwissender, in der Zukunft.

O gieb

O gieb mir nun den Troſt, deſſen ich nie zu bedürfen wähnte — erfülle das Verſprechen hoher Rettung; für einmal verhieſeſt du es mir, o gewähre jezt, Vater, gewähre!

Im hohen Gewölb des Olimps rollte ferner Donner der Allmacht, und neben der Jammernden erſchien ein holder Knabe mit mild flammender Fakkel — leiſe berührt' er den Bewuſtloſen, das fliehende Daſein kehrte ſanft belebend zurük, die Bruſt hob ſich in regelmäſigen Odemzügen, das ſtokkende Blut rollte durch die Adern, Lächeln ſproſſte um die Lippen, leichte Träume wandelten über die ausdrukvolle Geſtalt. Sichtbar geworden, entfloh der Tod mit der gelöſchten Fakkel, und der Schlummernde ſchlug wiedergebohren die Augen zur entzükten Mutter auf.

26.
Die Lieblingsblumen.

Bei einer freundlichen Abendverſammlung im Olimp theilten ſich die Götter in das holde Blumenreich. Jupiter wählte die hohe
Lilie,

Lilie, Juno die mächtig duftende Tuberose,
Venus, wie sich's von selbst versteht, die
liebliche Rose, Pallas die würzige Nelke,
Diana die einsame Heideblühte, Apoll die
sanft bezaubernde Hiazinthe, Bacchus die
glühende Granatblume; sogar die alte Zibele
erkohr sich die Immortelle, und die prahlende
Tulpe sogar fand ihren Beschützer in dem
paradoxen Merkur. Der frohe Kreis tändelte
ein Paar Tage mit seiner Wahl, erfreute sich
des bunten Gewebes von Scherzen, das aus
der bunten Mischung der Gewählten entsprosste,
und vergas dann — das gewöhnliche Schiksal
munterer Scherze bei Hohen und Niedern —
der ganzen Sache wieder.

Unterdessen blieben der Götter Kinder,
die Menschen auch nicht müsig. Den Blumen
so nah, aber auch den Dornen des Lebens
nicht minder, flochten sie jene in diese, und
wählten sich Lieblingsblumen, ohne dasselbe
Spiel über ihnen im hohen Olimp zu ahnen.
Die Lilie erkohr der König, gern fand sich
die Königin in der Tuberose wieder, das
holde Mädchen schloss sich an die Rose, die
reifere Frau lies sich von der Nelke vertre-
ten,

ten, die Hirtin lobte die Heideblüßte, der
Dichter die Hiazinthe, der Zecher wand die
glühende Granate um den Pokal; an der Immortelle ergözte sich die Matrone, an der
Tulpe der Filosof für die Welt. Doch nicht
so schnell, als die Olimpier, vergaßen die
Irdische der Wahl, denn sie war ihnen mehr
als Scherz, wenn gleich nicht eigentlicher Ernst.

Nach einiger Zeit fiel das frühere Spiel
den Göttern wieder bei, da sie eben ein anderer fröhlicher Abendkreis vereinigte. Laßt
uns ein höheres Leben zu unsern Lieblingen
senden, als das leise, gefesselte, welches sie
nun umgiebt. Beseelt mögen sie werden, und
Menschen! So sprach Zevs, und alles nikte
ihm Beifall. Die Damen klatschten in die
schönen Hände, und die Herrn riefen ein
behagliches Bravo, Papa!

Wenn Zevs will, so ist der Gedanke Gebot: schnell war die Verwandlung geschehen—
aber, hilf Himmel! welche Stöhrung brachte
sie in der Blumenliebhaberei auf Erden hervor! Die herrschende Lilie wurde des Königs
Gebieterin und die Quaal der eifersüchtigen
Königin, die, zugleich scheu und unzufrieden
vor

vor der zudringlichen Hofdame Tuberose
floh; die schöne Jungfrau kehrte sich ver=
wirrt von der jungfräulichen Gespielin Ro=
se, die ihr zu schön däuchte; Dame Nelke
schien der reifen Dame, ihrer ehmaligen
Freundin noch zu anspruchsvoll, die Hirtin
verjagte die wirthliche Gefährtin, weil eben
ihr Hirt nahte, die gute Hiazinthe lies sich
auf's Versemachen ein, und verdarb es durch=
aus mit dem Dichter, und Frau Granate
spizte die Lippen nach dem wolbekannten Po=
kal, mit welchem der bange Zecher davon rann=
te: die Immortelle war der Matrone unaus=
stehlich frisch für ihr Alter gekleidet, und die
Tulpe schlug den Filosofen mit den buntesten
Paradoxen aus dem Felde. Alles war unzu=
frieden, alles brach in laute Klagen aus:
der Götter Scherz war wieder schwerer Ernst
für das Menschengeschlecht geworden.

Da kam — froh sahen die betroffene
Olympier hin, und vergasen der Klagen um
der schönen Freude willen — da kam ein
heiteres, glükliches, einfaches Paar, das in
seiner Mitte ein holdes lächelndes Kind führ=
te — bald schmiegte sich's an den Jüngling,
bald

bald an das Mädchen, eines beugte sich um's andere zu ihm herab; dann drängten sie sich mit süßer Innigkeit zu'm lieblichen Dreibund zusammen.

Keiner der Götter und Menschen kannte das Kind: diese starrten, jene sandten Merkur zur Kunde hinab.

Wer bist du? fragte er, wer warst du?

Ich bin, was ich war — das Vergismeinnicht!

27.

Das alte Uebel.

Im Sturmgeheul tanzte das krachende Schiff auf den Wogen; hundert nasse Gräber öffneten sich, eben soviel Menschenstimmen stritten, und zweihundert Hände feierten, während man stritt, statt helfend zu arbeiten. Ans Werk! schrie der Steuermann, wollt ihr zu Grunde gehn? Alle für einen, einer für alle! so mögen wir noch das Heil erringen! Schweigt und regt euch!

Um=

Umſonſt; niemand folgte, aber beredt und wortreich ſezte hier einer die Nothwendigkeit auseinander, den Urſprung des Sturms zu unterſuchen; dort erklärte ſich der zweite über die Natur des Windes müde; meſſt die Brei= te, rief der dritte, vor allem müſſen wir wiſ= ſen, wo wir ſind! Vor allem, fiel der vierte ein, laſſt uns einen Blizableiter aufſtellen! Um des Himmels willen die Pumpen herge= richtet! ſchrie der fünfte, und ein ſechſter wies auf der Karte die muthmaslichen Felſen nach, an welchen man ſtranden könne, indeſ= ſen der ſiebente ihm über die Achſel ſehend, die Küſten hernannte, auf die man ſich wol aus dem Schiffbruch' retten möge.

Der Steuermann ſchwizte am Ruder und predigte, die Mannſchaft hielt Reden ohne Zuhörer, der Sturm heulte, der Wirbelwind peitſchte die Wogen, der Bliz ſtrahlte auf's Schiff nieder, Feuer und Waſſer theilten ſich in die Beute, die verborgne Klippe zertrüm= merte das Flammende, keine Küſte erſchien, die Redner ertranken.

28. Das

28.

Das Naturvölkchen.

———

Aus der schaffenden Hand war das leicht be-
schwingte, fröhlich emsige, nach süser Beute umher schwirrende Bienenvolk hervorgegangen.
Dem patriarchalischen Weisel folgend, summte
der laute Schwarm durch Feld und Flur, kostete
Blumen und Blühten, und beschloß die Wan-
derschaft der Untersuchung, indem er sich im
Schoose des hohlen Baumes niederlies: bald
war alles geordnet, Zelle um Zelle gebaut,
Honig eingesammelt; die Arbeitsamkeit flog
aus, der Reichthum kehrte zurük, Freude und
Ruhe wohnten daheim.

An einem schönen Sommertage, wo alles
in Bewegung, und nur eine kleine Besazzung
in der Heimath war, kam der alles durchfor-
schelnde Mensch zu dem hohlen Baum', und
fand mit Erstaunen die heimliche Wohnung,
mit froher Ueberraschung den köstlichen Inhalt. Behutsam und lüstern naschte er, und
naschte wieder; umsonst summten die Wächter
um ihn her, vergeblich stachen sie ihn hier in
die

die Hand, dort in den Fus — Er lies sich
nicht stöhren, erkundete alles genau, koste
dazwischen den süsen Honig, und sprach freundlich: Warum verlezt ihr mich, gute Kinder?
ich meine es wol mit euch.

Da flog, durch Eilboten berufen, der
Schwarm zurük; schon wollte er den Räuber
mit blutiger Rache angreifen, aber der Weisel gebot Ruhe, und nahte ernst und feierlich
dem Näscher auf zwei Füsen. Was stöhrst
du uns? fragte er.

Ich euch stöhren! nein! wahrlich, ich
freue mich eurer Bekanntschaft, und biete euch
Freundschaft und Schuzbündnis an.

Verdächtig ist jene, und dieses bedürfen wir nicht.

Näschige Thiere dräuen euch —

Man hält dich für das näschigste von allen.

Ich pflege die Quellen meines Genusses
sorgsam. Ein schönes Haus will ich euch
bauen, und eine keine Stadt soll daraus werden, wenn ihr euch vermehrt.

Die Natur gab uns ein Haus; unsere
Kinder erhalten das ihrige von ihr.

Balsamische Gewächse und saftreiche Blumen will ich um euch her pflanzen.
                                    Alle

Alle Pflanzen und Blühten gehören uns jezt schon zu.

Im Winter will ich euch ernähren.

Das thut der Fleis unsers Sommers.

Dafür gebt ihr mir jährlich einen Theil eures Erwerbes —

Hört doch den Frevler! Fort mit dir!—Der Mensch mußte vor dem einstürmenden Stachel=schwarm fliehn, der ihn weithin verfolgte.

Doch bald hatten Vögel und Bären den köstlichen Bienenstok erkundet: von nun an war keine Ruhe mehr; tägliche Einfälle der Räuber zerstöhrten die Zellen, entführten den mühsamen Gewinn der Emsigkeit, und räch=ten durch den Tod der Vertheidiger die em=pfangnen Stiche. Der Weisel hielt in dieser Noth grosen Rath; am Ende desselben sandte man Bothen zu dem Menschen, der nun schon härtere Bedingungen machte: aber der Unter=gang war vor der Thüre, man fügte sich, das Schuzbündnis wurde geschlossen, und unser Na=turvölkchen bezog die sichre Freistätte an der Südseite des würzreich duftenden Gartens.

Alles gieng ziemlich gut; der Mutterstok erweiterte sich, bevölkerte Kolonien schlossen
sich

sich an; beruhigt, weil der Mensch nichts über den bedungenen Antheil forderte, immer sorg= fältiger seine schüzzende Pflege betrieb, und den harten Winterfrost väterlich hilfreich überstehn half, lobten und liebten ihn die eingebürgerte Bienen, und summten ihm manche Jubelhimne nach ihrer, freilich etwas rauhen Weise.

Wie aber die kleine Stadt zur Vollen= dung gediehen, und keine Sorge für die Er= haltung des Nachwuchses mehr übrig war, erschien der Schuzherr mit Schwefeldämpfen und Magazintöpfen; er nahm, was er an süsem Honig bedurfte, ohne zu theilen, töd= tete was ihm beliebte, und beherrschte mit Kappe und Besen, was ihm zu erhalten ge= fiel. Das Naturvölkchen verschwand, das Sklavenvolk blieb.

29.
Scheideblik.

———

Den lezten Blik innigen Lebewols und vol= len Genusses warf der reisende Pflanzer auf seine Anlagen. Gehabt euch wol, sprach er,

wir

wir trennen uns — nach Jahren vielleicht
erst seh' ich euch wieder. Möcht' ich euch
wol gediehen finden, freundliche Zeugen froher
Augenblikke! möcht' ich dann in der grünen
Laubenacht lustwandeln, welche ihr jezt knospend
verheiset.

Er gieng; da begegnete ihm an der Pforte
ein Mann, der ihn mit Vorwürfen empfieng.
Warum hast du Parthien aus jenem Garten
erspäht? — Ein anderer rief: Hölzer und
Stauden hast du dort geraubt! So manche
Blume entwandtest du! schrie ein dritter.

Ruhig sah der Wasser den Vorwürflern
in's Aug'; freundlich liesen sich Gegenwart
Erinnerung und Zukunft bei ihm nieder.

Gern biet' ich dem wolmeinenden Pflanzer die schaffende Hand, sagte die Gegenwart;
willig leih' ich dem denkenden Gedächtnis meine Vorräthe, fiel die Erinnerung ein; du sam-
melst und pflanzest mir und die Früchte und
Samenkörner, schloss die Zukunft.

Inhalt.

Inhalt.

Proteus.   D.

Inhalt.

Die

Inhalt.

Das

Inhalt.

Q.

Inhalt.

Inhalt.

Regensburg, gedrukt bei Heinrich Augustin.

Lightning Source UK Ltd.
Milton Keynes UK
UKHW030927290119
336360UK00012B/1195/P